U0274195

炒股入门

学练股市裸K线

诸葛金融　著

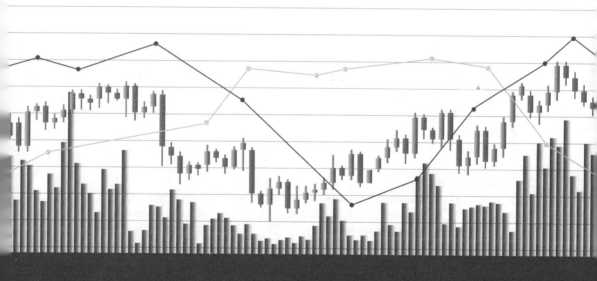

清华大学出版社

北京

内 容 简 介

聪明的投资者都知道，股市中的知行合一，中间的枢纽是练。本书以价格行为学交易法的学练大纲为基础，通达信自编公式为辅助工具（书中提供了公式源代码），在系统讲解股市价格行为学知识的同时，也充分展示了"练"炒股的具体方法，以及炒股赚钱"知其所以然"的底层逻辑。

为了最大程度还原"练"炒股的真实过程和细节，以及练习者的心路历程，本书还创造性地构建了"悟空跟着太上老君练炒股"的场景，以期帮助读者通过自学自练，走到成为聪明投资者的路上。因此，本书既是A股聪明投资者学练炒股技能的手册，也是股民自我成长的励志故事。

本书适合正在自我突破的老股民，也适合想了解股市真相的新投资者，还可以作为交易技术培训机构的基础教材和参考书。

图书在版编目（CIP）数据

炒股入门：学练股市裸K线 / 诸葛金融著. —— 北京：
清华大学出版社，2024.12. —— （新时代·投资新趋势）.
ISBN 978-7-302-67670-6

Ⅰ. F830.91

中国国家版本馆 CIP 数据核字第 2024CB1811 号

责任编辑：刘　洋
封面设计：徐　超
版式设计：张　姿
责任校对：宋玉莲
责任印制：刘　菲

出版发行：清华大学出版社
　　　　　网　　址：https://www.tup.com.cn，https://www.wqxuetang.com
　　　　　地　　址：北京清华大学学研大厦 A 座　　　　邮　编：100084
　　　　　社 总 机：010-83470000　　　　　　　　　　邮　购：010-62786544
　　　　　投稿与读者服务：010-62776969，c-service@tup.tsinghua.edu.cn
　　　　　质 量 反 馈：010-62772015，zhiliang@tup.tsinghua.edu.cn
印 装 者：大厂回族自治县彩虹印刷有限公司
经　　销：全国新华书店
开　　本：170mm×240mm　　　印　张：15.25　　　字　数：257 千字
版　　次：2024 年 12 月第 1 版　　　印　次：2024 年 12 月第 1 次印刷
定　　价：88.00 元

产品编号：107398-01

前言
PREFACE

在股市中，我们都知道要知行合一，知是学，行是用。但是，更深层的真理是——学和用之间还有一个练。如同掌握驾驶技能需要学车和练车一样，聪明的投资者掌握炒股技能，也需要学炒股和练炒股。

接下来的问题是：

炒股学什么？

炒股练什么？

怎么学？

怎么练？

坦诚地讲，撰写一本"学炒股""练炒股"的图书并不是一件容易的事情，笔者也是勉为其难。如何把学练炒股的知识和方法讲好、讲透，甚至讲得有趣，笔者琢磨了很长的时间。一日，笔者偶然看见了书架上的《西游记》，豁然开朗——每一名股民心中都有一个孙悟空呀！好一个博大精深的中华文化，干脆给悟空写个新故事吧。

在中国传统文化中，太上老君深谙阴阳之道，肯定是最懂股市的仙界人物，在本书中化身为"函谷道源投资有限公司"的创始人，名为李小聃，李总。成了斗战胜佛的孙悟空，还是好打怪捉妖，非要老君教他炒股票。老君与悟空的"教—学—练"，完美地还原了学练炒股的真实场景，充分展示了学练过程中的各种细节。更重要的是，他们在书中提到《西游记》中的特定桥段，能够帮助读者更好地理解炒股赚钱的底层逻辑，进而领悟东方式炒股大智慧。

初稿完成后，笔者还有一个意外的惊喜。《悟空炒股》的小说人物和故事情节，在很大程度上展示了投资者应有的精神特质和心理素质。书中化身李总的老君和悟空，两人都对股市充满了敬畏心。悟空是一名乐观的练习者；李总在言语之间，处处流露出成功投资者的自信和笃定。敬畏心、乐观、自信和笃定，是交易心理训练的重要内容，对于投资者很重要。读者在阅读过程中，不妨揣摩一下两人的心理活动，或许有一定的"练心"效果。

悟空跟李总学的"擒牛捉妖术"，其实是股市中最有效率的两种盈利模式。一种是中线交易法，交易标的是基本面推动的大牛股，俗称"擒牛术"；另外一种是短线交易法，交易标的是资金面推动的强势股，俗称"捉妖术"。但是，由于大牛股和强势股在技术面都处于强趋势阶段，价格波动的幅度都很大，具有"高风险和高收益"的典型特征。因此，学练股市"擒牛捉妖术"既要学懂股价涨跌的规律，也要练会"砍掉亏损，让利润奔跑"的交易手法。

各位读者朋友，请回想一下自己考驾照的经历，并问自己一个问题：

您是学会开车的，还是练会开车的？

绝大多数人的答案是：练着练着，自然就会了。

如果您同意上述答案，就再问自己一个问题：

您拿到驾照了吗？

如果答案是肯定的，那您就跟着悟空一起学，一起练吧。

最后，祝愿所有的读者心想事成，投资顺利！

由于作者水平有限，加之时间仓促，书中难免存在不妥之处，望广大读者批评指正。

作者
2024 年 6 月

目录
CONTENTS

引子

话说齐天大圣孙悟空跟随唐僧西天取经修成正果，成为斗战胜佛，但猴性仍在，常四处游玩。

一日，悟空去太上老君处，童子告知："师父去东土股市'擒牛捉妖'，多日未归。"悟空听到"擒牛捉妖"四字，心中鹊喜。急吼吼向童子问明了去处，一个筋斗云，直接到了老君的面前。

此时的老君已化身为"函谷道源投资有限公司"的创始人，名为李小聃。

小聃经历十多年的股市生涯，从小散户做到了大户，小有名气后就张罗成立了一家私募公司。在同道的帮衬下，募集到了一些资金，自己也投了些钱，资金总额过亿元。在中国证券投资基金业协会（简称中基协）成功备案后，投资领域就多了一名成功的专业人士——李小聃，李总。

斗战胜佛早已不是当年的孙猴子，懂得入乡随俗，现身之前已经看好了老君的装扮，照模照样弄了个西装革履的形象，没有吓着人。

李总见是故人来访，就停下手中事，拉着悟空进了一间名为"会议室"的空屋。

进屋后，李总开启了泡茶待客程序，一通忙活。斗战胜佛现在也是耐心了得，踏实坐着，乐呵呵地看着老君弄茶。

李总弄完后，又习惯性向悟空介绍今天泡茶的品类。悟空直接拦了话头，问道："老君，您这次出来'擒牛捉妖'，怎么不告诉俺老孙一声？"

"大圣，你有所不知。当今东土太平盛世，早无妖孽，我也是闲得发慌。前段时间听蓬莱三仙说，东土有一个叫股市的地方，常有大牛股现身、妖股出没。这些大牛股和妖股跟先前的牛和妖大不一样，三仙奈何不得。

"我好奇啥样的牛和妖，三仙都奈何不得。三仙估计是吃了大亏，支支吾吾，也没有说清楚。呵呵。我就自己先来看看。不看不知道，一看真是吓一跳。"李总接着"唉"了一声，娓娓道来，向悟空讲述了仙界忧伤的故事。

几百年来，人类逐渐掌握了科学这个"大神通"，现在已经成了世界的主宰。一则地球上每一处犄角旮旯都有人类的足迹，自此再无妖孽。二则仙界所谓的神通，在科学面前都不值一提。以悟空的千里眼、顺风耳、筋斗云三大神通为例，当今世界只要手机在手，千里眼和顺风耳自然就有；飞机和高铁的效能也大致等同于筋斗云。最重要的是，掌握了科学的人类，意识到所谓仙界本来就是人创造的产物，就把曾经高高在上的仙界归类为"传统文化IP"这个类别。

"唉，大圣，现今是仙界不如人的。"李总饮了一口茶，接着说道，"股市是人的一个新发明，我等的本事和神通在这里毫无用处，也是'韭菜'一株。三仙肯定是吃了大亏，我刚开始也是屡战屡败。好在股市最基本的概念就是阳线和阴线，暗合我擅长的阴阳之学。坚持下来，小有心得和成就。"

"大圣你要进股市，别说'擒牛捉妖'，你能够全身而退，就算你本事大。如果你真进军股市了，那大概率斗战胜佛要改称斗战败韭菜。呵呵，所以，就没有告诉你。"

悟空早已知晓仙界忧伤的事实，倒也没有难受。作为人创造的IP，赋予悟空这个角色最优先级的任务就是打怪捉妖。因此，悟空本能地强烈要求李总带他进股市。

李总推脱不过，答应了悟空的要求，也就有了新故事——《悟空炒股》。

第 ① 部分

先学股市导航图

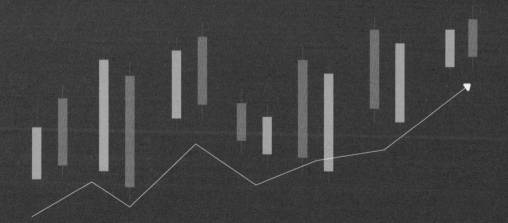

成了佛的悟空毕竟还是急性子，转天一大早，悟空就去找李总。

一、悟空是学练专业交易的最佳实验对象

李总答应悟空，其实也有一点小私心。原因在于成立公司后，要进行操盘手的招募和培训。前段时间，李总从同道那里拿到了几套交易员的培训教程。李总将其整合之后，加上自身的实战经验和心得，正好形成了一套完整的专业交易员培训方案。

按照科学的思维模式，李总应该选择几个人做培训实验，以检验该培训方案的有效性。

世人都有人性的弱点。正常情况下，参与培训的人可能性格迥异，也都有七情六欲和现实的生活压力……这些变量必然会贯穿整个实验过程。区区个位数的实验对象，在多变量的复杂影响下，很难判断此培训方案的有效性。

但是，悟空则是最完美的实验对象。

悟空不是人，是石猴子出身。除了自傲，几乎没有其他的人性弱点。

悟空是神仙，没有任何现实的生活压力。

悟空聪明、自律、勤奋，更有热情……

总之，悟空就是专业交易员培训最完美的实验对象，没有之一。

事实上，成功的交易员都知道：交易不是坐而论道的理论，而是一项特别的技能，必须通过大量的交易实践，才有可能成为 3% 的成功者。

问题在于，交易是直接用钱做，又快又直接。每一次买卖的结果都会用金钱赤裸裸地呈现——赚钱或是亏钱。金钱是最能诱发人性弱点的因素。因此，绝大多数人一辈子都很难完成足够数量的交易实践，如 1000 次，从而完成交易这门手艺最基本的训练强度。

只有强度够了，才谈得上技巧的进步。

李总也是吃过大亏才有了上述认知的。刚开始，他以为炒股就是应用阴阳之道的雕虫小术，跟股友交流的时候，真是口生莲花，滔滔不绝，绝对有大师风范，而实战交易中却处处碰壁，亏得一塌糊涂。股市"韭菜"们能够犯的错，

小聃是一个都没有落下，整整走了好几年的弯路。好在小聃也是一仙人，没有现实的生活压力，才坚持了下来。

二、股市"擒牛捉妖"究竟是什么意思

为了让悟空炒股不走弯路，从最开始就建立正确的理念，李总开始了《悟空炒股》的第一课。悟空认认真真做了如下笔记。

（一）股市有风险，投资须谨慎

上市的股票是一种金融标准产品。股市是一整套规则约束下，投资者买卖股票的二级市场。投资者采用无杠杆的方式买进股票，承担的是有限责任，最大的风险就是直接的投资额。假如以42.38元/股买进了100股，最大的风险就是股价跌到零，损失最多为4238.00元。

（二）悟空学练的交易方法适用于无杠杆做多模式

无杠杆是指整个交易过程中，无任何形式的融资行为。既不在市场内开杠杆，也不从场外借钱，完全以自有闲置资金操作。

做多模式是指从价格上涨中赚取盈利，只做多不做空。总结下来就是两种基本方法，即低买高卖和买高卖更高。

（三）悟空学练的是股市投资的交易技能

悟空学练的目的是按照规则买卖股票，从而使得资金账户的资金曲线平稳、持续上涨。也就是说，是否擒到了"牛"、捉到了"妖"，要以资金账户的资金曲线作为唯一标准，并以周、月、季和年的时间周期做绩效考核。

因此，悟空的培训不是系统学习技术分析理论，成为一个行情分析爱好者，而是侧重于能够在实战中炒股赚钱的交易技能。在培训过程中，悟空需要掌握的理论知识通常与特定的交易技能直接关联。

（四）"擒牛捉妖"是指悟空要在实战中交易活跃的强势股

股市中的大牛股一般是指十倍股。以该股启动的极限最低价为基准，极限最高价在5～15倍。妖股是指短期内上涨超过50%的个股，其间要有多个涨停板。总之，涨幅大、持续时间长、领涨能力强为"牛"；短期走势剧烈，急涨急跌为"妖"。

"牛"和"妖"的主要区别有两点。

（1）回调。"牛"强势回调，走势图的价格行为中规中矩；"妖"有多种回调模式，规律性差。

（2）创新高。创新高代表了上涨趋势的持续性。"牛"会持续创新高；"妖"多数是急促行情，回调后持续创新高能力弱。

悟空学练的交易方法中，一个月内涨幅大于 50% 的个股都归类为"牛"和"妖"，也就是特定时期的强势股和热门股。所谓股市"擒牛捉妖"就是重复去做下面这两件事。

第一，采用自编通达信选股公式，及时发掘当下的强势股和热门股。

第二，在自编通达信指标公式的辅助下，进行超短线（1T）、短线（2～7T）或是波段（8～21T）操作。1T 指一个交易日。

（五）悟空在培训之前，需具备的前提条件

（1）一部智能手机、一台台式计算机或一台笔记本电脑。

（2）熟练使用 Excel 和 PPT 软件的基本功能。

（3）熟练使用炒股软件，主要包括常用功能、画线工具、股价预警雷达、训练模式，以及现成炒股软件公式的导入和使用方法。

本条，悟空秒懂，秒会，秒做到。

（六）悟空的学练流程

悟空学练炒股的流程是：悟空学习培训资料—李总讲解和示范—悟空完成自我训练任务—李总总结和点评。

接下来，李总与悟空就炒股培训事宜约法三章。

第一，悟空严格执行培训计划，认真学，认真练。

第二，悟空在培训过程中，不得与李总争辩。

第三，悟空不能半途而废。

孙悟空是世界上最聪明的猴子，大闹过天宫，还跟着唐僧西天取回了真经，自然知晓好歹。悟空见老君乐意带自己进股市"擒牛捉妖"，满是欢喜，赶紧向老君保证道："老君，嗯，李总，您千个放心，万个放心。别说约法三章，就是三十章、三百章，俺老孙都保证做到。"

三、悟空，你为什么要保护师父去西天取经

悟空培训的事情确实落定后，李总也很开心，就拉着悟空一边饮茶，一边接着聊。

闲聊中，李总发现悟空总是一副摩拳擦掌的样子，着实有些担心。李总见过太多兴致勃勃进股市，很快就铩羽而归的人。

　　李总深知，炒股是沉心静气的活儿，学练交易技能更是要脚踏实地。李总琢磨了一会儿后，说道："悟空，你我也是老熟人。我有个问题一直想问你，不知当问不当问？"

　　悟空说："换以前，都不当问。现在嘛，您带俺老孙进股市，有啥问题随便问。"

　　"悟空，你为什么要保护师父西天取经？"

　　悟空一愣，沉默了半晌，说："终于有人问俺老孙这个问题了。"

　　悟空接着说："这事儿得分三段说。头一段，五行山下五百年，俺老孙真的苦呀！观音菩萨让俺护送个人儿，就能脱离苦海，俺又不傻，当然同意了。中间一段，俺老孙是齐天大圣，必然会信守承诺。但是，跟着师父一路往西走，事情逐渐不一样了……"

　　悟空突然有些不好意思，扭头看了李总一眼。悟空眼见李总一本正经地听着，用满是期待的眼神看着自己，只得继续讲下去。

　　"其实吧，俺有一天突然想明白了，师父走的是取经路，俺走的是成长路。俺老孙总不能一直都是一只顽劣的石猴子，俺也得成长。沿途的妖怪，俺一个一个打，一只一只捉，积小胜而大成。师父得经之日，就是俺老孙成熟之时。这就是第三个阶段。"

　　李总呵呵一乐，说："悟空，这第三个阶段，你是顿悟成佛呀！"

　　李总接着说：

　　"'积小胜而大成'这句话说得好！学练炒股这事儿，你也这样想，这样做吧。悟空，股市风高浪急，炒股要有一张导航图。具体来说，学炒股先要搞清楚四个问题：

　　"第一，股价为什么会波动？

　　"第二，股价波动的幅度究竟有多大？

　　"第三，错误的炒股方法是什么？

　　"第四，正确的炒股方法又是什么？"

　　李总盯着悟空看了一眼，悟空赶紧在小本上记下笔记："股市导航图要弄清楚四个问题"。

　　"悟空，你得把这四个问题记在脑子里。明天我们先讲第一个问题。"

第三天，悟空同样是早早就找到了李总。李总没有客套，直接在会议室开讲股市导航图的第一个问题：股价为什么会波动？

一、股市是什么

李总说："悟空，人类掌握'科学'这个大神通后开始了工业化进程，史称'工业革命'。唉，这也是我们仙界不如人的转折点。人类的工业化是双轮驱动——科技创新是原动力，金融创新是孵化器。其中，股份制公司、股票和股市是最重要的金融创新。只要是工业化的现代社会，股市几乎都会存在和发展。

"工业革命是机器化大生产代替手工小作坊，统一的大市场代替区域分割的小市场。具体来说，新时代有进取心的人创建了大量的新创企业。但是，新创企业一方面需要庞大的启动资金，另一方面存在血本无归的市场风险。因此，解决这些新创企业启动资金的问题，既不能依靠缓慢的利润积累，也不能依靠传统的债权融资。唯一能够解决的方法就是社会化股权融资，全民一起大干工业化，股市也就应运而生了。"

李总看了悟空一眼，见悟空一脸茫然，意识到自己得换一个方式讲。李总饮了一口茶，琢磨着怎么讲。悟空见李总不言语，没有造次，也装模作样饮茶。

李总想了一会儿，接着说："悟空，你就先这样理解股市吧。股市解决了新创企业大规模、社会化、股权化的融资难题。规模大是指融资的金额大，一般以'亿元'计；社会化是指向众多的陌生人融资；股权化是指投资方不能反悔，找融资方要回一分钱。"

悟空说："李总，你可别哄俺。怎么可能会有这种事情？这样弄还不乱套了？！俺花果山的孩儿们都能'募集'上亿元的钱了呀！"

李总说："悟空，凡事都要知其然知其所以然。这种干法，我们在仙界肯定是行不通。但是，人比仙有创造力，通过制度创新就干成了。话说，人要是真没有发明股市，你现在也就擒不了'牛'，也捉不了'妖'。你先不要急，慢慢听我讲。

"工业革命后，人都有一个常识，'成功的新创企业能够赚大钱。'于是，有进取心的能耐人纷纷想募资创办企业；社会上的普通公众也想通过投资新创企业，分享社会进步的发展红利。也就是说，只要本着'利益共享、风险共担'的原则，募资方和投资方是能够双赢的。

"为了实现募资方和投资方的双赢，并且为双方提供便利，高权威性的'信用中介'机构就出现了，主要是证交所和证券公司。随后伴随着法律法规的健全，现代股市就成型了。

"简单来说，现代股市主要涉及五个主体，即证监会、证交所、证券公司、上市公司和投资者。其中，上市公司的创业股东，大致等同于募资方。

"证监会是政府机构，依法行使对股市的监管职责，全方位、全流程监管股市所有参与主体的所有行为。

"证交所是股市最重要的组成部分，实现投资者相互之间的自由买卖、成交、结算和交割。

"证券公司是股市重要的金融中介机构，既服务于上市公司，也服务于投资者。

"拟上市企业在证券公司的协助下，合法合规地在证交所上市。拟上市公司第一次向公众出售股票，称为首次公开募股（Initial Public Offerings，IPO）。股市中，IPO对应的市场称为一级市场。对于普通投资者来说，IPO就是新股发行。新股发行中，普通投资者不能自由买进，只能以'抽签'的方式参与，俗称'打新股'。

"拟上市企业在证交所上市后就成了上市公司。上市公司的股票流通市场称为二级市场，即一般意义上的股市。普通投资者通过证券公司，自主买卖在证交所上市的股票，俗称'炒股'。

"成功上市后，上市公司的原股东也成了投资者，可以依据法规，交易先前持有的股票。"

悟空说："俺明白了，股市不是骗局，有很多专业的机构管着。花果山的孩儿们干不了上市公司。"

李总说："对。现在的上市公司都是各行各业的优质企业。即使存在极少数的违法违规事件，也有证监会处理。"

二、"预期"左右了股价的波动

李总接着说："证交所的存在解决了股票的流通难题，大大降低了投资者持有股票的风险。股票是股权融资，投资者不能向募资方要钱，但是可以转让给另外的投资者，随时随地能把股票换成现金。

"投资者之间相互买卖股票，必然会涉及股票的定价问题。悟空，这是你作为股民，需要重点理解的关节点。

"从逻辑上讲，上市企业的盈利决定了股票的价格。但是，股权融资是高风险、高收益的投资行为，股权投资者更看重的是'未来的盈利'，尤其是'未来暴利的可能性'。一百多年来，现代股市的的确确出现过大量的十倍股、百倍股，甚至还有千倍股。因此，股票的价格在很多情况下，是由投资者的'预期'决定的。

"未来的股价谁也不知道。理论上，股市中的任何一家上市公司的股票都可能是未来的十倍股、百倍股，但也可能是一钱不值的垃圾股。投资者预期涨，就会买；预期跌，就会卖。由于每一个投资者的'预期'不一样，股票的价格就总是在波动，有时候还会大幅波动。"

悟空说："俺懂了。

"第一，炒股是高风险、高收益的投资行为。股市投资者是冲着高收益、冒着高风险的投资者。第二，在逻辑上，股票价格是由上市公司的盈利情况决定的。但是，投资者的'预期'往往更重要。

"李总，这个'预期'让俺想起了禅宗六祖慧能的故事。风过幡舞，六祖慧能说：'不是风动，也不是幡动，而是心动。'俺老孙理解，炒股表面上炒的是股票，实质上炒的是'人心'。"

李总说："'炒股是炒人心'，我不能说你错，也不能说你对。总之，这句话有点空，落不了地。你就先这样理解吧。

"我还有一个不算恰当的类比。当年你大闹天宫，表面上风风光光，但是仙班的仙儿们都躲着你，对你敬而远之。但是，你跟师父西天取经后，大家伙儿都争先恐后帮你打怪捉妖。其中的原因就是对你的'预期'改变了，因为大家伙儿都认为你们师徒四人一定能够取经成功，你也会成佛。讲句玩笑话，取经路上的孙悟空，妥妥的十倍股呀！哈哈。

"悟空，仙班的仙儿们从躲着你，到抢着帮你，这是看得见的'幡动'；你从'齐天大圣'到'孙行者'，是'幡动'后面的'风动'。大家伙儿都是'风动'后'心动'了，才有看得见的'幡动'。"

悟空知道李总是为自己好，倒没有生气，说道："李总，你这个类比好！没有无缘无故的'心动'。俺老孙得好好琢磨琢磨。"

三、影响股价波动的基本面

两人歇了一会儿，李总开始给悟空讲解基本面。

李总说："悟空，炒股，炒的是股票未来的价格。每一个投资者都需要用自己的方法，去预测股票未来可能的价格。这里的未来，既可以是几分钟后，也可以是几个月后，甚至是几年后。

"股市中，每一只股票都对应了一家真实的企业。投资者基于'盈利决定股价'的逻辑，通过分析企业的经营情况来预测未来的盈利，进而预测未来的股价。这类预测股价的方法一般归类为基本面分析。

"很明显，短时间内企业的主要经营情况不太可能出现重大变化。因此，基本面分析一般预测的是股票中长期的价格变化。但是，如果企业发布的信息导致市场'预期'出现重大变化，股价通常也会做出及时的反应。"李总清了清嗓子，接着说，"基本面分析一般分为三个层面，即宏观分析、行业分析和企业分析。

"宏观分析是分析所有企业经营的宏观背景。宏观分析一般包括国际政治和经济形势，以及国内宏观经济。国内宏观经济主要包括货币政策和财政政策。股市中，宏观分析的目的是试图回答，'未来一段时间内，股市的整体走势'。换句话说，大盘可能会涨还是跌，以及涨多少或跌多少。更重要的是，要有理有据，能够自圆其说。这个工作的门槛很高，一般由证券公司的首席分析师负责，定期或不定期向投资者发布'宏观研报'。

行业分析大致等同于股市中的板块分析。现代工业社会中，行业是指从事相同性质的经济活动的企业的集合。在股市中，行业的概念大致等同于证监会定义的行业分类，即股票板块的基础分类。行业分析的目的是试图回答，'未来一段时间内，各类板块的具体走势'，即哪些板块可能会是热门板块。通常情况下，热门板块与经济周期和产业政策有关。行业分析一般由证券公司的行业分析师负责，定期或不定期向投资者发布'行业研报'。

"企业分析是针对特定上市公司的详细分析，主要目的是发掘中长期的大牛股。企业分析的逻辑是，任何时候都可能会出现'拥有独特竞争优势的卓越的企业'。

"通常情况下，卓越的企业能够凭借自身的竞争优势，穿越股市的牛熊循环，它们是长期投资的最佳标的。所谓穿越股市的牛熊循环，一般是指个股走独立的中长期上涨趋势。大盘涨，个股涨；大盘调整，个股涨；大盘跌，个股少跌，或许还涨。

"企业分析同样由证券公司的分析师负责，定期或不定期向投资者发布特定上市公司的'个股研报'。企业分析相对简单一些，普通投资者也能够依据上市公司财报和公开信息进行分析。"

李总讲到这里，看了悟空一眼，又看见了一脸茫然的悟空，知道自己还得换一个方式讲。

李总说："专业的基本面分析是以宏观经济学和微观经济学为基础的高级研究工作，门槛高，难度大，并不适合普通投资者。但是，基本面分析往往是大众财经媒体的主要内容，很容易让普通投资者误以为基本面分析很简单，很容易上手。

"悟空，基本面如何影响股票的价格，我教你两个方法：

"第一个方法是要会归类。财经媒体上任何一篇与基本面有关的文章，你浏览时都要按照宏观分析、行业分析和企业分析进行归类。一段时间后，大致就会看了。

"第二个方法是要会定性。定性也是分类，分为利好或利空。逻辑上助涨的是利好，也称为利多；助跌的则是利空。

"将两个方法相结合，就是以下六种情况：

（1）宏观利好；

（2）宏观利空；

（3）行业利好；

（4）行业利空；

（5）个股利好；

（6）个股利空。

"悟空，你一定要牢记，利好，不一定涨；利空，不一定跌。"

悟空说："李总，俺大致有点眉目了：

"第一，基本面分析是预测股价的中长期波动。大牛股一般都是卓越企业，基本面好。

"第二，基本面分析太专业了，是证券公司分析师干的活儿。俺老孙现在学不了。

"第三，证券公司会发布宏观研报、行业研报、个股研报；上市公司会发布财报和公告。财经媒体每天都会发布相关的文章。

"第四，俺要学会对基本面的文章和信息分类，然后观察股价的具体反应。利好出来，股价真涨，股价就可能还会再涨一段时间；利好出来，股价不涨反跌，股价就可能会跌一段时间。

"总的来说，俺老孙认为，利好出来，不能马上冲进去买股票，要先观察一下。真利好助涨，会涨一段时间，早两天买，晚两天买不重要，都能赚钱。但是，一定要提防利好出来不涨反跌的风险。"

李总一脸愕然，说："悟空，你真是猴精呀！"

悟空说："你不是在第一课里就告诉过俺，股市有风险，投资须谨慎嘛。"

四、如何给个股贴上正确的板块标签

李总接下来讲股市的板块轮动和选股。

李总说："悟空，很多人认为，股市研究就是基本面分析和技术分析，这是一个错误的认知。我这些年走的弯路，很大程度上就是被这个认知误导了。我花了大量的时间和精力，学习和研究基本面和技术面，一直没有重大的突破。直到有一天，我意识到，股市本身的运动规律才是炒股的关节点。之后，我的进步就快多了。

"所谓股市本身的运动规律，主要体现为板块轮动。大盘无论是牛市、熊市，还是平衡市，都是由板块轮动所推动和塑造的。

"板块是什么呢？板块就是把相同属性的个股集合在一起，形成一个股票群组，以便投资者识别和参与，同时也便于市场炒作。

"牛市，体现为众多板块轮动上涨。牛市的每一个阶段都有领涨板块，每一天都会有好几个热门板块大幅上涨。上一个领涨板块涨多了，进入调整期，就会出现下一个领涨板块。众多领涨板块的接力上涨，自然就形成了大盘的牛市。

"熊市，则体现为绝大多数的板块同步下跌，泥石俱下，一直到几乎所有的板块都见底止跌。

"更常见的是平衡市，大盘做横向运动。这种情况同样会出现几个阶段性的强势板块，它们此涨彼伏，成为市场的炒作热点。

"悟空，在实战中，板块轮动就是选股。投资者需要理解市场如何给个股'贴标签'，进而自己也能够给特定的个股贴上正确的板块标签。"

李总知道自己还得换一个方式讲，就问道："悟空，你知道奥运会吗？"

悟空乐呵呵地说："奥运会？仙界没有比俺老孙更懂奥运会的了。这些年，东土的奥运会，俺老孙作为最知名的文化 IP，肯定会被人邀请参加，以卡通形象举个火炬什么的。"

李总说："这倒也是。悟空，你还真是我们仙界最顶流的 IP。我最多也就勉

强算是头部的 IP 吧。"

李总接着说："我们把股市中的上市公司和奥运会的参赛运动员做类比，你就大致理解板块的概念了。常见的炒股软件，例如通达信，有以下六种板块分类：

（1）证监会行业板块；

（2）概念板块；

（3）风格板块；

（4）指数板块；

（5）地区板块；

（6）行业板块。

"其中，（6）是（1）的简化，实质上是以下五种分类：

"① 行业板块是上市公司的行业属性，与上市公司的主营业务有关；

"② 概念板块是上市公司的题材属性，与市场特定阶段的炒作热点有关；

"③ 风格板块是上市公司的非行业属性，主要包括上市公司作为股份制公司的通用属性、投资者属性以及阶段性的价格行为属性；

"④ 指数板块是上市公司的指数名录属性，与特定指数的具体名录有关；

"⑤ 地区板块是上市公司的属地属性，一般由上市公司的注册地决定。

"悟空，在奥运会中，竞技项目类似行业板块；热门项目类似概念板块；团体赛和个人赛类似风格板块；夺牌热门选手类似指数板块；运动员参赛国别类似地区板块。"

悟空说："俺大致明白了。套用股市板块轮动的概念，可以把奥运会的不同比赛项目分为赛事板块。奥运会的赛事日程就是各项赛事板块轮动的时间表。

"每一届奥运会都会涌现'明星'运动员，有经验的观众能够通过赛事板块，尽早发现和锁定特定的'明星'运动员。依据时间表提前打开电视机，全程欣赏'明星'运动员的精彩表演。

"李总，'明星'运动员就是阶段性的大牛股！得在市场的板块轮动中及时发掘出来。你前面说的'股市本身的运动规律才是炒股的关节点'，俺理解就是这个意思吧。"

李总说："对。但是，你现在仅仅是字面上理解了这句话的意思，距离实战中的'会选股'还很远。选股是炒股中最重要的技能，同时它又是一个经验活儿。悟空，你要多用心揣摩。"

第四天，李总给悟空讲解股市导航图的第二个问题：股价波动的幅度究竟有多大？

一、股市的牛熊循环

李总说："预测股价未来变化的方法一般分为两种，基本面分析和技术分析。昨天大致给你讲了基本面分析。今天，你开始接触技术分析。

"技术分析是指通过研究价格运动本身来预测股价未来变化的方法。一般情况下，价格运动包括价格和成交量，通常用走势图的方式记录和呈现，也称为技术面。

"股市中，牛市是指大型上涨趋势；熊市则是大型下降趋势。技术分析认为，股市的价格运动从长期来看，体现为明显的牛熊循环。

"牛熊循环是股市自身价格运动的基本原理，意味着未来一定时间内，价格运动的主要方向是确定的，而不是随机的。投资者只要能够判断出当下是牛市还是熊市，对未来的预测就不是抛硬币。

"那什么是'大型'呢？在技术分析中，一般以20%作为判断标准。股市从低点上涨20%，称为'技术性进入牛市'；股市从高点下跌20%，就称为'技术性进入熊市'。所谓'技术性'，是指满足了牛市或熊市的最小波动幅度。

"但是，通常情况下，牛市或熊市的波动幅度远远大于20%，上涨幅度超过100%的牛市很常见；下跌幅度超过50%的熊市也很常见。更重要的是，相对于大盘指数，个股的价格运动具有天然的杠杆属性，即大盘指数涨100%，个股可能涨200%～500%；大盘跌50%，个股可能跌75%～90%。

"悟空，你要牢记，牛市对应高收益；熊市则是高风险。换句话说，牛市能够赚大钱；熊市也能亏大钱。"

悟空说："李总，你讲的牛熊循环，俺懂，就是你的阴阳循环的道；你提到的数字，俺也懂。你一直在讲高风险、高收益，俺不懂的地方是，到底什么是'高'？是200%算高，还是500%算高？你得给一个标准呀！俺都急死了！"

李总一听，乐了，说道："你还真问到点儿上了！炒股赚钱不是你翻筋斗云，'高'的标准肯定不是 200%，更不是 500%。再有了，你不能只想高收益，不顾高风险。

"这样说吧，在私募行业，一般会以 -20% 为预警线，-30% 为清盘线。我们就以 ±30% 作为'高'的标准，涨幅超过 30% 就是高收益；跌幅超过 30% 就是高风险。以这个标准复盘任何一个股市的牛熊循环，几乎所有的牛市都是高收益；所有的熊市都是高风险。"

李总清了一下嗓子，接着说："悟空，你赶紧记笔记。

"你真自己炒股的时候，绝对不能以资金账户的 -20% 为预警线，-30% 为清盘线！你要以 -10% 为预警线，-20% 为清盘线！一旦触及 -10% 的预警线，你就要暂停操作。

"你这会儿不要问为什么，先把这条记小本上，更要记脑子里。对了，-10% 是以账户前一天收盘价计算的数值为准。暂停操作就是卖出所有股票——清仓！"

二、复盘A股的牛市和熊市

李总盯着悟空记完笔记，接着说："悟空，你要在东土股市'擒牛捉妖'，首先要了解 A 股上证指数的牛熊循环。"

李总在会议室的大屏幕上打开课件，让悟空观看 A 股上证指数的牛熊循环图（见图 3-1）。

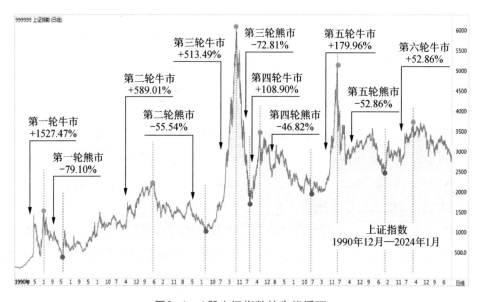

图3-1　A股上证指数的牛熊循环

李总说："悟空，东土股市名为 A 股，A 股的牛熊循环一般以上证指数为准。

"A 股从 1990 年 12 月 19 日开始，大致走完了五轮牛熊循环，目前正在走第六轮牛熊循环。

"A 股是典型的新兴市场。一般情况下，新兴市场的初期，价格的波动幅度都很大。A 股前三轮牛熊循环呈现巨幅波动，充分体现了新兴市场初期的特点。

"第一轮牛市的涨幅为 1527.47%，超过 15 倍；第一轮熊市的跌幅为 79.10%。

"悟空，要理解跌幅的大小，一般可以采用'腰斩'的概念。跌幅到了 50%，就计为'一次腰斩'。以数值 100 为基准，从 100 跌到 50，跌幅 50%，这是第一次腰斩。从 50 再跌到 25，跌幅 50%，这是第二次腰斩。两次腰斩的总跌幅是 75%。从 25 再跌到 12.5，跌幅 50%，这是第三次腰斩。三次腰斩的总跌幅是 87.5%。

"第一轮熊市的跌幅为 79.10%，超过了两次腰斩幅度的 75%，这是非常惨烈的熊市。第二轮牛市的涨幅为 589.01%；第二轮熊市的跌幅为 55.54%。第三轮牛市的涨幅为 513.49%，最高点是 6124.04 点，这是目前上证指数的历史高点。第三轮熊市的跌幅为 72.81%，接近第一轮熊市的跌幅，这轮熊市的最低点为 1664.93 点。

"A 股经历了前三轮剧烈波动的牛熊循环后，进入了相对的稳定期，技术面上呈现区间震荡的特征。震荡区间的上沿是第三轮牛市的最高点 6124.04 点，下沿是第三轮熊市的最低点 1664.93 点。

"第四轮牛市的涨幅为 108.90%；第四轮熊市的跌幅为 46.82%。第五轮牛市的涨幅为 179.96%；第五轮熊市的跌幅为 52.86%。第六轮牛市的涨幅为 52.86%。"

李总讲到这里，扭脸看了一眼悟空，发现悟空正一脸严肃地走神，就问道："悟空，你在想什么？"

悟空说："俺眼睛看着您这张上证指数的牛熊循环图，耳朵听着您的讲解，心头是紧了又紧！

"这张牛熊循环图太过凶险，全是恶山恶谷。俺仔细回忆了一下当年跟着师父取经，走过的十万八千里路，也没有这张图凶险。炒股每日行走在如此恶山恶谷的路上，还永无止境，真的是'股市有风险，投资须谨慎'呀！

"再有，您说目前正在走第六轮熊市。俺老孙是一万个担心，您是不是要清盘关门呀！"

李总哭笑不得，只得先说："每一轮熊市，确实会淘汰一些人。"

李总接着说："悟空，上证指数的牛熊循环图是你学练炒股的第一张技术走势图。你一眼便知恶山恶谷，大圣的火眼金睛，名不虚传！进而，你见到恶山恶谷，心有敬畏，这更好！唉，说来惭愧，我是混迹股市好几年后，才有你今天的认知。但是，我还有一句话，无限风光在险峰。"

悟空呵呵一乐，说："李总，您千个放心，万个放心。俺老孙是齐天大圣，斗战胜佛。恶山恶谷才是俺的最爱。俺一定跟您好好学、好好练，俺老孙要在股市中，好好玩耍玩耍。"

李总见悟空信心满满，很是欢喜。李总深知，炒股路上，乐观向上的心态最重要。

李总打算接着讲，就先问了悟空一个问题："悟空，五行山下五百年，你最怕的是什么？"

悟空知道李总没有挤兑自己的意思，就老老实实回答："时间。日复一日，月复一月，年复一年，真的让俺老孙有些绝望。"

李总说："对。牛市苦短，熊市恐长。股市的牛熊循环除了幅度，还有时间。"

李总递给了悟空一张表格（参见表3-1）。

表3-1　A股上证指数牛熊循环时间表

牛熊市	起始日期	结束日期	区间起点	区间终点	上涨百分比	区间持续天数	折算周	折算月	折算年
第一轮牛市	1990-12-19	1993-2-16	95.79	1558.95	1527.47%	790	112.86	25.90	2.16
第一轮熊市	1993-2-16	1994-7-29	1558.95	325.89	-79.10%	528	75.43	17.31	1.45
第二轮牛市	1994-7-29	2001-6-14	325.89	2245.43	589.01%	2512	358.86	82.36	6.88
第二轮熊市	2001-6-14	2005-6-6	2245.43	998.23	-55.54%	1453	207.57	47.64	3.98
第三轮牛市	2005-6-6	2007-10-16	998.23	6124.04	513.49%	862	123.14	28.26	2.36
第三轮熊市	2007-10-16	2008-10-28	6124.04	1664.93	-72.81%	378	54.00	12.39	1.04

续表

牛熊市	起始日期	结束日期	区间起点	区间终点	上涨百分比	区间持续天数	折算周	折算月	折算年
第四轮牛市	2008–10–28	2009–8–4	1664.93	3478.01	108.90%	280	40.00	9.18	0.77
第四轮熊市	2009–8–4	2013–6–25	3478.01	1849.65	−46.82%	1421	203.00	46.59	3.89
第五轮牛市	2013–6–25	2015–6–12	1849.65	5178.19	179.96%	717	102.43	23.51	1.96
第五轮熊市	2015–6–12	2019–1–4	5178.19	2440.91	−52.86%	1302	186.00	42.69	3.57
第六轮牛市	2019–1–4	2021–2–18	2440.91	3731.09	52.86%	776	110.86	25.44	2.13
第六轮熊市	2021–2–18		3731.09						

李总说："上证指数第一轮牛市的持续时间为 790 个日历日，约两年。

"第一轮熊市持续的时间为 528 个日历日，约一年半。

"第二轮牛市持续的时间为 2512 个日历日，约七年。

"第二轮熊市持续的时间为 1453 个日历日，约四年。

"第三轮牛市持续的时间为 862 个日历日，约两年半。

"第三轮熊市持续的时间为 378 个日历日，约一年。

"第四轮牛市持续的时间为 280 个日历日，约大半年。

"第四轮熊市持续的时间为 1421 个日历日，约四年。

"第五轮牛市持续的时间为 717 个日历日，约两年。

"第五轮熊市持续的时间为 1302 个日历日，约三年半。

"第六轮牛市持续的时间为 776 个日历日，约两年。"

李总接着说："悟空，没有只涨不跌的牛市，也没有只跌不涨的熊市，牛熊循环是股市的常道。炒股要循规蹈矩，顺势而为。牛市要清风快马，勇于作为；熊市要谨小慎行，耐得住性子。"

悟空说："俺懂了。炒股要行上山路，不要行下山路。"

第五天，李总给悟空讲解股市导航图的第三个问题：错误的炒股方法是什么？

一、股市中的涨幅和跌幅

李总刚要开讲，就被悟空抢了话头。

悟空说："俺昨天听您讲完股市的恶山恶谷，心紧得慌，回去寻思了一宿。

"俺主要琢磨了两个问题：第一个问题是，上证指数的牛熊循环这样明显，炒股只需行上山路就是了。三仙都是仙界里的聪明人，怎么会看不懂这个关节呢？"

李总答："三仙没有见过这张图。他们压根儿就没有复盘过 A 股的牛熊循环。"

悟空说："哦，那他们理应亏钱，怨不得股市，也怨不得旁人。俺老孙做事，都要先打探个明白，寻思好对策。

"第二个问题，俺老孙盯着您给的图 3-1，看了又看，总觉得里面有玄机。

"李总，您看表 3-1，第一轮牛熊循环。牛市从 95.79 点涨到 1558.95 点，涨了 1463.16 点；熊市从 1558.95 点跌到 325.89 点，跌了 1233.06 点。牛市的绝对涨幅 1463.16 点和熊市的绝对跌幅 1233.06 点，两个数值相差不大。但是，用百分比表示，牛市涨了 1527.47%，熊市跌了 79.10%，这两个数值差异太大了！

"俺老孙寻思来寻思去，最后用 Excel 软件做了一张表格（参见表 4-1）。

表4-1　股市中的涨幅与跌幅

本金（元）	跌幅	涨幅	百分比差额	本金（元）
100.00	0	0	0	100.00
90.00	10.00%	11.11%	1.11%	100.00
80.00	20.00%	25.00%	5.00%	100.00
70.00	30.00%	42.86%	12.86%	100.00
60.00	40.00%	66.67%	26.67%	100.00
50.00	50.00%	100.00%	50.00%	100.00

续表

本金（元）	跌幅	涨幅	百分比差额	本金（元）
40.00	60.00%	150.00%	90.00%	100.00
30.00	70.00%	233.33%	163.33%	100.00
20.00	80.00%	400.00%	320.00%	100.00
10.00	90.00%	900.00%	810.00%	100.00

"弄完了这个表格，俺老孙才意识到，同样百分比数值的涨幅和跌幅，差异太大了！太有迷惑性了。腰斩是跌 50%，上涨却要 100% 的幅度才能回到起跌点呀！"

李总哈哈大笑，说："悟空，你真的是猴精呀！我原打算今天跟你讲这个知识点，却被你自己参悟了。"

李总看了一下悟空做的表格，问悟空："你打算怎么用这个表格？"

悟空挠了挠头，说："俺还没有想这个问题。请李总讲解。"

李总说："昨天，我让你记了一条笔记。你真炒股的时候，预警线要设置为 -10%。你还记得吗？"

悟空答："俺记得！以前一天收盘价计算，账户总资金亏损 10%，直接清仓。"

李总说："你看你做的表，跌幅 10%，对应的涨幅是 11.11%，两者相差 1.11%，不算大，可以视为涨幅等同于跌幅。实战中，这是临界点。"

悟空说："俺懂了。跌幅超过 10% 后，对应的涨幅越来越大，也就是风险急速增加。实战中，俺要在跌幅 10% 的时候，及时清仓，控制住风险。"

李总说："悟空，昨天记的那条笔记要修正一下。昨天就想让你记住亏损 10% 这个数字，讲得比较简单，告诉你以前一天的收盘价计算。

"其实，应该以收盘价计算的账户总资金最高值为准，既可以是前一天，也可以是前几天。只要是从最高值下跌了 10%，就先暂停交易。"

悟空赶紧在小本上修正了一下自己的笔记内容。

二、华尔街备忘录

李总接着说："悟空，昨天我们复盘了 A 股上证指数的牛熊循环，这是 A 股大型上涨趋势和大型下降趋势的循环。我记得是六次牛市，平均持续 2.78 年；五次熊市，平均持续 2.71 年。悟空，你今天回去后，用表3-1的数据统计一下，看是不是这两个数。

"有了这两个数，问题就来了。无论是牛市还是熊市，投资者在两年多的时间内，每天都看见股价变来变去，很容易忽略市场的大趋势。"

悟空说："对。俺昨天晚上其实也稍微想了一下这个问题。当俺老孙处于恶山恶谷的半山腰时，的确很难分辨清楚此时行的是上山路，还是下山路。"

李总说："不识庐山真面目，只缘身在此山中。复盘股市已经走完的牛熊循环，牛市的高点和熊市的低点，都一目了然。但是，对于没有完成的走势，要判断好牛熊的转折点，真的难！而且几乎没有可能。再有，长达三年的熊市期间，投资者很难做到完全不交易。悟空，那怎么办呢？"

悟空说："俺不知道，正准备听您讲解和记笔记呢。"

李总说："昨天给你讲的是股市的多轮牛熊循环，接下来就要研究每一轮牛熊循环的内部细节。"

李总在大屏幕中打开了另一张图（见图4-1），接着说："西土有一国，名为美国。那里的股市比东土开得早，距今已有200多年。股市的局内人大都聚集在一条街上，名为华尔街。华尔街的人别的事儿不干，除了炒股就是研究股市，历经十多代人，经验也就非常老道。你看这张图，据说它名为'华尔街备忘录'，讲的就是每一轮牛熊循环的内部细节。"

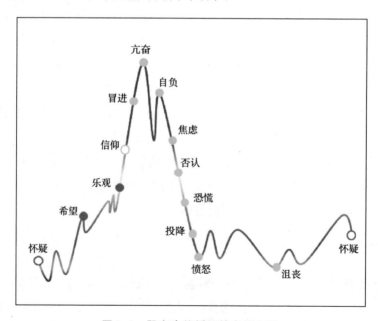

图4-1　股市牛熊循环的市场心理

"我把这张图称为'股市牛熊循环的市场心理'，原因在于'华尔街备忘录'

是从市场心理的角度揭示了每一轮牛熊循环的内部细节。

"我们首先把这张图与图 3-1 做比较。图 3-1 是已经完成的五轮牛熊循环，每一轮循环大致与图 4-1 类似，都是一轮牛市接着一轮熊市。因此，可以得出结论，图 4-1 的确解释了一轮前后衔接的牛熊市。

"悟空，这个方法叫'验证'。它是学练炒股的基本方法，后面会经常用到。

"验证后，我们再看图 4-1。从左到右，图 4-1 标注了 13 种不同的心理特征。其中，牛市有 6 个，即怀疑、希望、乐观、信仰、冒进和亢奋；熊市有 7 个，即自负、焦虑、否认、恐慌、投降、愤怒和沮丧。

"（1）怀疑。华尔街的人总是说，每一轮牛市都是在怀疑中诞生。在长期的熊市下跌中，投资者大多形成了思维定式：熊市会一直持续下去，每一次上涨都是熊市中的反弹。事实上，牛市的第一次上涨，确实跟熊市中先前的反弹并没有什么差别。

"（2）希望。市场在怀疑中不断上涨，并创出了新高。投资者逐渐恢复了信心，开始有了牛市的希望。

"（3）乐观。市场持续创出新高，并突破了重要的阻力位。投资者开始从谨慎变得乐观，相信牛市真的来了。

"（4）信仰。市场已经充分呈现出牛市的特征。投资者认为'牛市永远涨'，这开始变成一种信仰。

"（5）冒进。市场进入加速上涨阶段，牛股满天飞，股神遍地走。

"这个阶段，华尔街有一则经典的小故事。故事的细节有差异，但主要内容都一样。话说某一天，华尔街的某个传奇大作手，要么是去擦皮鞋，要么是去乘电梯。总之，他遇到了一个小男孩。这个小男孩无论是帮他擦皮鞋，还是帮他开电梯，在短暂的接触中，都会跟大作手闲聊一小会儿。闲聊中，小男孩会一本正经地向这个大作手推荐一只即将暴涨的大牛股。故事的后半截通常是，这位大作手一到办公室，就立即全部清仓。随后股市暴跌，此大作手也就成了华尔街的大赢家。"

悟空听到这里，忍不住呵呵乐了。

李总拍了拍悟空的后背，说："悟空，认真点儿，好好记笔记。我肯定知道，这就是一个故事。我知道你也知道这就是一个故事。"

李总接着说："我跟你讲这个故事，就是让你感性理解一下牛市的氛围。对于投资者来说，牛市真的是最美好的时刻！

"（6）亢奋。市场逐渐接近牛市的顶点，投资者都在变得亢奋。"

李总停了一下，两手一摊，盯着悟空说道："然后，牛市结束了！"

悟空配合着李总，悠悠地说："快乐总是转瞬即逝。嗯，李总，您还是继续讲吧。"

李总说："你真是猴急。好吧，我接着把熊市给你梳理一遍。

"（7）自负。通常情况下，牛市见顶后会有一段急跌。这次急跌与先前牛市中的调整没有太大的差异。随后，会出现反弹。这个时候，市场依旧弥漫着牛市氛围，投资者依旧是牛市的坚定信徒，相信市场很快就会创新高。因此，这是最佳的买进机会。

"（8）焦虑。但是，市场并没有创出新高，而是跌破了先前的低点，创出了新低。投资者逐渐变得焦虑。

"（9）否认。市场继续下跌，投资者开始否认市场的价格运动。市场上弥漫着这些声音：'宏观经济面这样好！''我买的是最卓越的公司！怎么可能会跌？！''一定是市场搞错了！坚持一下，会涨回去的！'

"（10）恐慌。市场加速下跌，每一个人都在夺路而逃。投资者都在说：'太可怕了！我也想割肉……'

"（11）投降。市场继续暴跌。投资者心里想：'受够了！我不能再亏钱了！''我必须清仓！'

"（12）愤怒。熊市的氛围到达极点。投资者很好奇：'究竟是谁在做空？！''一定要把破坏市场的坏蛋揪出来！''政府应该管一管了！'

"（13）沮丧。熊市进入缓慢下跌阶段，并创出了熊市的低点。投资者无奈地想：'唉，赔了这样多的钱。我就是一个白痴。'

"悟空，讲完了。"

悟空笑呵呵地说："李总，熊市阶段，您讲得太精彩了！是不是亲身体会呀。"

李总一本正经地说："我只是把'华尔街备忘录'的文字大致给你翻译了一下。"

悟空"哦！"了一声。

李总说："悟空，不要打岔。我歇一会儿。昨天晚上，你自己能够参悟股市的涨幅和跌幅，够能耐的。你先讲讲这张图吧。"

悟空说："您歇着，俺先说说。俺说错了，您一定要指出来呀！"

悟空接着说："俺理解，华尔街的人跟俺老孙一样，在恶山恶谷的半山腰，也很难判断是上山路，还是下山路。他们为了解决这个难题，就另辟蹊径，从市场心理的角度，来区分一轮牛熊循环的内部阶段。

要想了解这张图，俺老孙得下大功夫。等俺真搞懂了这张图，就能够分辨到底是行在上山路的半山腰，还是下山路的半山腰了。"

李总说："悟空，我还得再表扬你一次呀！你是猴精中的猴精。"

三、谁是股市中的"聪明钱"，谁又是"笨钱"

李总接着话锋一转，问道："悟空，你没有觉得这张图蹊跷吗？"

悟空心头一紧，反问道："蹊跷？难道这图是假的？错的？！"

悟空又想了一会儿，接着说："这图不应该是假的和错的！俺老孙认为这图，靠谱。"

李总见悟空这样笃定，有些好奇，问道："你接触股市，满打满算，今天才第五天。你有何依据认为这图靠谱？"

悟空答曰："李总，世间道理都一样。

"俺没有经历过股市的牛熊市，但是俺老孙经历过猴生的牛熊市呀！

"实不相瞒，昨天复盘 A 股上证指数的牛熊循环。您讲到第一轮牛熊循环的时候，俺老孙真有点堵得慌。俺老孙从大闹天宫到困于五行山下，妥妥的新兴市场初期的牛熊循环呀！俺走熊市的时候，你们是天罗地网，不依不饶，非要把俺老孙打到投降才肯罢休。这张图的13种心理特征，俺老孙是实打实地经历了一遍。刚才，俺又把猴生的第一轮牛熊市，在脑子里过了好几遍。嗯，这图真的靠谱。"

李总说："唉。悟空，我们还是说炒股吧。"

悟空说："李总，您千万不要多想。俺就是想借用自己的亲身经历，尽量搞懂这张图而已。您赶紧说说，这图哪里蹊跷了？"

李总着实担心悟空再说点什么，没有再卖关子，说："悟空，在牛熊循环中，华尔街的局内人，几乎不会有图中的心理感受和变化。换句话说，这图是华尔街以所谓的'上帝视角'，描述了市场投资者的心理特征；但是，华尔街的人不在其中。"

悟空说："俺懂了。华尔街的人，把股市的投资者分为了'自己人'和'非自己人的其他人'，也就是'己方'和'对手方'。这图名为'股市牛熊循环的市场心理'，实则是'股市牛熊循环中，华尔街对手方的心理'。这是一张华尔街的'敌情图'呀！"

李总呵呵一乐，说："对！有些人把这张图戏称为'作弊图'。"

悟空说："这可不能说是作弊。这是知识。人说过，知识就是力量。俺先跟您学练之后再炒股，这肯定不算作弊！"

见伤感后的悟空要开始较真了，李总赶紧说："你学练炒股，最多就算是'股市投资者的自我教育'。股市里的坏分子违法乱纪，才是作弊。"

李总接着说："悟空，搞懂了这图的蹊跷，我们就要建立股市博弈的概念。这里的股市博弈，不是很多人认为的'多空博弈'，而是'赢家和输家之间的博弈'。

"多空博弈，是指市场方向的博弈。看涨做多的是多方；看跌做空的是空方。多方和空方博弈的结果，决定了市场涨跌的方向。

"赢家和输家之间的博弈，是指交易结果的博弈。牛市中，多方是赢家，空方是输家；熊市中，空方是赢家，多方是输家。

"因此，'多空博弈'是表象，'赢家和输家之间的博弈'才是本质。"

悟空点了点头，说："俺大致懂了。股市中的投资者分为赢家和输家。华尔街的人自视为赢家，其他投资者是输家。赢家做多做空都赚钱；输家做多做空都赔钱。"

李总说："对。股市本质上是'赢家和输家之间的博弈'。华尔街的人自视为赢家，但他们不会这样说，毕竟要给输家留面子和希望嘛。因此，这帮聪明的家伙就发明了'聪明钱'和'笨钱'两个概念，并用这两个概念替代'赢家'和'输家'。也就是说，赢家是聪明钱；输家是笨钱。赢家赚钱是因为赢家聪明；输家赔钱是因为输家笨。"

悟空说："这样的说法有点坏，俺老孙不认可。三仙炒股赔钱，他们笨吗？肯定不笨呀！他们只是没有正确的股市知识，居然连 A 股上证指数的牛熊循环都不知道。"

李总说："专业领域的'聪明'与'笨'，并不是智商问题，而是专业知识的学习和掌握，以及运用专业知识的能力。当然了，'知之而不学'就该算笨了。

"悟空，我们不要扯远了，还是回归正题吧。"李总接着说，"悟空，学练炒股，还得使用'聪明钱'和'笨钱'这两个概念。股市中的投资者，一般分为专业型机构投资者和非专业的普通投资者。前者称为机构，或是主力；后者称为散户。

"在股市博弈中，专业型机构投资者拥有资金优势、知识优势和信息优势等，他们是明显的优势方，通常情况下就是股市的赢家；非专业的普通投资者，由于缺乏知识和训练，很多人会赔钱，从而成为股市的输家。

"因此，多数情况下，专业型机构投资者等同于'聪明钱'；非专业的普通投资者大致等同于'笨钱'。但是，一些普通投资者通过学习和训练，能够识别并跟随'聪明钱'的交易行为，也能在股市中赚钱。这些成功的普通投资者也可以称为'聪明钱'。"

悟空说："俺懂了。机构和主力都是'聪明钱'。散户分两种，赚钱的散户也是'聪明钱'，赔钱的散户是'笨钱'。换句话说，三仙是'笨钱'，俺老孙要努力成为'聪明钱'。"

李总说："'聪明钱'和'笨钱'是股市博弈的两个重要术语，是投资者观察股市和分析股市的基础。悟空，你要想成为'聪明钱'，首先就不能当'笨钱'。也就是说，你要先搞清楚'笨钱'在牛熊循环中的具体交易行为。"

李总在大屏幕中切换下一个内容，如图4-2，接着对悟空讲："悟空，基本面能够影响投资者的预期，其实技术面更能影响投资者的预期。所谓技术面，对于没有专业知识的笨钱来说，就是'赚钱效应'和'赔钱效应'。

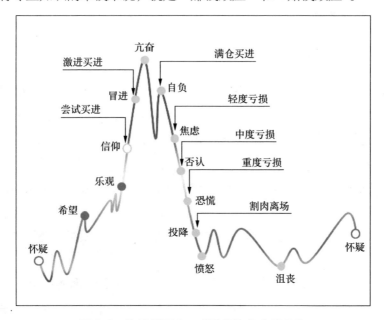

图4-2　牛熊循环中，"笨钱"的交易行为

"图4-2中是'笨钱'在一轮牛熊循环中典型的交易行为。

"在牛市的早期，'笨钱'不会相信市场已经进入牛市，他们会谨慎地看紧自己的钱袋子。直到牛市进入信仰阶段后，身边人炒股的赚钱效应，才会令他们小心翼翼地尝试买进。这时候，牛市已经进入了中后期。牛市的中后期一般是上涨趋势的加速段，这是做多模式最容易赚钱的时间段。毫无悬念，'笨钱'

赚钱了，而且是快速赚到钱了。这个时候，多数的'笨钱'会后悔自己买少了、买晚了，白白浪费了赚大钱的好机会。因此，他们很容易就克服了'追高'的心理压力，开始激进买进。

"激进买进之后，仍旧在赚钱。一些'笨钱'开始认为自己就是股神，已经找到了人生的财富密码。

"牛市见顶后，'笨钱'有模有样地使用'拉回买进策略'，满仓买进，等待市场继续创出新高。

"熊市接踵而至，并露出獠牙，'笨钱'从轻度亏损到中度亏损，再到重度亏损，最后在熊市的低点附近割肉离场。在此期间，'笨钱'会持续不断地经历重大的心理打击。总的来说，多数'笨钱'经历一轮牛熊循环下来，就是在炼狱中走了一遍。"

悟空见李总讲得情深意切，没有敢再造次，默默地记好笔记："在熊市里，'笨钱'很是煎熬。"

四、李总布置的第一份作业

李总见悟空没有言语，就继续说道："悟空，说一千道一万，错误的炒股方法就是被行情带着走。"

悟空说："李总，俺老孙懂您的好意！就是让俺不要有'笨钱'的思维模式和交易行为。"

李总说："是呀。但是，我只给你讲一遍，你只听一遍，肯定是不行的。你还得练！"

临走之前，李总对悟空嘱咐道："你回去练的时候，要尽量还原'笨钱'真实的交易行为和心理体验。

"第一步，先把图4-2中'笨钱'的交易行为具体化。你要在图4-2中标注牛熊循环13种心理特征大致对应的价位；然后再把'笨钱'对应的交易行为也标注清楚，就是说'笨钱'大致在什么价位上，做了三次买（尝试买进、激进买进和满仓买进）和一次卖（割肉离场）。

"第二步，把自己想象成'笨钱'反复地练，去体验'笨钱'在不同阶段真实的心理活动。

"悟空啊，赔钱了要心痛呀！你只有练到心痛了，实战中才有可能不会去当'笨钱'。"

第5章　学习"聪明钱"的炒股方法

第六天，李总给悟空讲解股市导航图的第四个问题：正确的炒股方法是什么？

一、"聪明钱"如何理解"华尔街备忘录"

李总先是询问了悟空回去练习的情况。

悟空说："俺初学乍练，没有练好。原因主要有这两个：

"第一，'笨钱'的交易行为，听您讲着，感觉很简单。但是，真要复原'笨钱'具体的交易过程，俺老孙感觉还是有点难的。

"第二，俺的工具用得不称手，俺还不能熟练使用 PPT 和 Excel 软件。俺得多练习练习这两个工具。

"俺折腾了半宿，最后还是决定用最笨的方法。俺在纸上写写画画，先把'笨钱'的三次买和一次卖大致搞清楚了。后续的练习，俺慢慢弄。

"俺的结论就是，炒股首先要会'算数'。买之前要先算一算，搞清楚具体的交易行为与账户总资金的关系。到底该怎么算，俺也没有个头绪，估计以后您会教俺。

"俺感觉呀，在牛市的氛围中，'笨钱'是稀里糊涂地买进就赚钱，很可能自己也搞不清楚究竟在干啥。"

李总说："悟空，学练炒股急不得，你就慢慢弄吧。炒股在一定程度上就是数字游戏，当然要会算数了。但是，学练算数的方法还早了点。现在，你先要搞清楚位置。

"'华尔街备忘录'根据一轮牛熊循环划分了13种心理特征，对应了13个阶段，其实就是价格运动中的13个重要位置。'笨钱'的交易行为是位置错了。"

悟空说："对呀！您讲过，做多模式赚钱只有两个基本方法，就是低买高卖和买高卖更高。笨钱的交易行为是明显的高买低卖呀！"

李总说："我们接着讲'华尔街备忘录'。今天讲'聪明钱'是怎么理解'股市牛熊循环市场心理'的。"

李总打开了课件（见图5-1），问道："悟空，图5-1是'聪明钱'的'华尔街备忘录'。你来讲讲图 5-1 和图 4-1 有啥区别。"

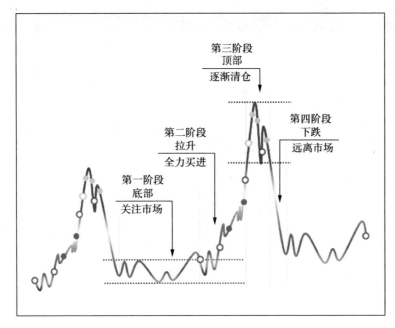

图5-1 "聪明钱"的"华尔街备忘录"

悟空仔细看了一会儿，说："图 4-1 是一轮牛熊循环；图 5-1 是两轮牛熊循环。"

李总竖起了大拇指，说："悟空，我都不知道该怎么夸你了！对。'聪明钱'的"华尔街备忘录"是两轮牛熊循环。"

李总又问道："悟空，你讲讲这里面的关节是啥？"

悟空早已把被夸被赞当成浮云，李总的表扬就是耳边风。悟空又琢磨了好一会，说道：

"图 4-1 的一轮牛熊循环是'牛市→熊市'，只见山不见谷。

"图 5-1 的两轮牛熊循环是'第一轮牛市→第一轮熊市→第二轮牛市→第二轮熊市'。其中，'第一轮熊市→第二轮牛市'衔接的部分，'谷'显而易见，也就形成了图 5-1 标注的'第一阶段：底部'。

"图 5-1 是山谷交替，也就有了高低之分，大概就是您说的'位置'。"

李总耐心地说："'聪明钱'学练炒股，一般都要复盘两轮牛熊循环。

"悟空，你仔细看图 5-1。在两轮牛熊循环的'华尔街备忘录'上，'聪明钱'把牛熊循环重新进行了划分，分成了以下四个阶段：

"第一阶段，底部。这个阶段是第一轮熊市的后期和第二轮牛市的初期。

"第二阶段，拉升。这个阶段是第二轮牛市的中期。第一阶段和第二阶段的分界点，就是图 4-1 左下侧的心理特征'怀疑'。

"第三阶段，顶部。这个阶段是第二轮牛市的后期和第二轮熊市的初期。

"第四阶段，下跌。这个阶段是第二轮熊市的中期。

"因此，'聪明钱'的牛熊循环并不是牛市和熊市的交替，而是'底部→拉升→顶部→下跌'这四个阶段依次出现。"

悟空汗颜："哦，原来股市的牛熊循环是说给外行人听的呀！"

李总说："股市牛熊循环的理论确实存在一定的误导性。回看图 3-1，在股市牛熊循环理论中，牛市的极限高点既是牛市的终结点，也是熊市的起始点；而熊市的极限低点同样既是熊市的终结点，也是新一轮牛市的起始点。这样的表述容易误导投资者去'猜顶摸底'。实战中，普通投资者'猜顶摸底'的思维模式往往是重大亏损的直接原因。"

李总接着说：

"聪明钱把股市的价格运动分成四个阶段后，就有了最基本的交易策略。

"第一阶段，底部。聪明钱从这个阶段开始，关注市场。

"第二阶段，拉升。这个阶段是典型的牛市，绝大多数个股都会跟随牛市大幅上涨'鸡犬升天'。'聪明钱'都会在这个阶段大干一场，全力买进。很多普通投资者成长为'聪明钱'之后，一般只在这个阶段做交易。

"第三阶段，顶部。股价在这个阶段一般都会剧烈波动，意味着风险即将来临。'聪明钱'会逐渐清仓。

"第四阶段，下跌。这个阶段是典型的熊市，绝大多数个股都会跟随熊市大幅下跌'泥石俱下'。做多的投资者怎么做都会赔钱。'聪明钱'的应对方法是远离市场，等待市场跌够、跌透。"

悟空喜不自胜，说道："李总，'华尔街备忘录'原来是这样的呀，图 4-1 仅仅是半张图，俺得把两个半张图合并在一起看。"

李总说："你就先这样理解吧。再给你布置一个作业，你把图 5-1 中的各种小圆点分清楚，位置记好了。"

悟空说："从图 4-1 开始，俺老孙就在琢磨这些小圆点是啥意思。俺听您刚才讲的内容，寻思这些小圆点可能是'聪明钱'的买卖点。"

李总说："对，就是'聪明钱'的买卖点。不同的小圆点代表不同的买法和卖法，具体方法后面自然会给你讲。悟空，学练炒股得一步一步来。你先把小圆点的分类和位置记好了！"

二、股市导航图的出发点

李总提议先休息一下，自己就弄茶去了。悟空对饮茶没有什么兴趣，就盯着图 5-1 仔细琢磨。

约莫过了半个时辰，李总休息好回来了。他见悟空还盯着大屏幕上的图 5-1 看，就问道："悟空，你都看了半天了，先不要看了。我问你，这几天你都学了啥？"

悟空挠了挠头，答道："李总，您这几天围绕股市海阔天空地讲，俺就囫囵吞枣地记。感觉您啥啥都讲了，字字珠玑。只是，您讲的话，真的就是一堆散开的珠子，俺老孙串不起来，没法回答。"

李总哈哈大笑地说："天底下最实诚的人，就数你孙悟空了。真的是有啥说啥。

"悟空，这几天讲的内容，名为'股市导航图'，落脚点就是图 5-1。但是呢，你拿着图 5-1，只能是知其然不知其所以然。你看，'聪明钱'的买卖点，在图 5-1 上标注得真真切切，却让人不明所以。

"悟空，就算你拿着图 5-1，强行背下来记住了。真到炒股的时候，照猫画虎地用，结果跟'笨钱'也差不了太多。"

悟空急了，说道："李总，您这不是哄俺吗？！俺老孙可记得，自从俺跟了师父去取经，您就没有再哄过俺的呀。"

李总说："悟空，你不要着急。接下来，我用'知其所以然'的方式再给你梳理一遍。"

悟空心花怒放，赶紧打开小本，准备记笔记。

李总却拦住了悟空，说道："紧要处，不可一心二用。你就仔细听，先不要记笔记。我们先搞清楚股市导航图的出发点。

"世间万事万物，都有约束条件。以你们师徒四人西天取经为例，为什么那样费劲，足足走了十四年？原因就是唐僧取经有下面两个约束条件：

"第一，唐僧是凡人，不能利用仙界的神通。如果没有这项约束条件，你背着师父，打两个筋斗云，十万八千里的取经路，秒去、秒回，根本用不了十四年。

"第二，唐僧肉是宝贝，妖怪吃了能够长生不老。因此，路上的妖怪都会心生长生不老的贪念，试图捉了你师父吃他的肉。妖怪们的贪念冲上了头，就敢挑战你齐天大圣孙悟空。"

悟空呵呵一乐，说："李总，五行山下，观音菩萨跟俺说，要俺护送师父西天取经。俺最初还真以为就是打两个筋斗云的事儿呢。哈哈！"

李总说："唉，再聪明也是猴子呀！悟空，你大闹天宫，闯下了仙界有史以来最大的祸。怎么可能让你打两个筋斗云就了事了？！

"悟空，你炒股可千万不能这样幼稚呀！以为只要买了股票，躺倒就一定会赚钱。"

悟空说："李总，您放心！俺老孙跟着师父，足足走完了十万八千里的取经路，早已经知晓世上没有便宜的事儿，也没有容易的事儿。不信，您就翻翻《西游记》，俺老孙聪明着呢。炒股这事儿，俺这不是先跟你学练着嘛。俺老孙可没有急吼吼地买股票哟。"

李总接着说："说正事。普通投资者炒股也有下面两个约束条件：

"第一，在股市中，真正专业的基本面分析，在一定程度上能够洞察股市的未来。这项技能大致等同于仙界的神通。但是，普通投资者都是各行业各的普通人，几乎做不了专业的基本面分析。换句话说，股市中的普通投资者跟你师父一样，是凡人。你师父腾不了云，驾不了雾，普通投资者也没有'专业基本面分析'这个炒股神通。

"第二，对于投资者来说，炒股的本金就是你师父唐僧的肉。以私募行业为例，-20%的警戒线，等同于妖怪捉了你师父；-30%的清盘线，就是妖怪真的吃了你师父。但是，我们复盘A股上证指数的牛熊循环，熊市的跌幅通常大于30%。也就说，股市牛熊循环导致的正常股价波动，就会把投资者从股市中'消灭'了。"

悟空叹气道："俺大致懂您的意思了。俺学练炒股要先摆正自己的心态，找准自己的位置。在股市中，俺老孙现在就一枚'韭菜'。"

李总说："悟空，股市可不管你的心态。"

李总没有看有些脸红的悟空，接着唠叨："我刚才讲的两点，是普通投资者必须面对的客观事实，也是股市导航图真正的出发点。"

三、投资者的自知之明

李总说："悟空，投资者在股市中，首先要有自知之明。

"华尔街从股市博弈的角度，把投资者分为'聪明钱'和'笨钱'，这是学练炒股的基本概念。任何一个投资者都需要经常自省，当下的自己，究竟是属于'聪明钱'还是'笨钱'。

"'聪明钱'既有专业的机构投资者，也有一些成功的普通投资者。这样吧，我们以后把专业的机构投资者称为聪明钱，把成功的普通投资者称为聪明的投资者，把赔钱的普通投资者称为笨钱。也就是说，股市存在三种类型的投资者，即'聪明钱'、聪明的投资者和'笨钱'。

"悟空，投资者的自知之明，关键不在于'自知'，而在于'明'。聪明的投资者和'笨钱'在'自知'上面都一样，都知道自己是股市的弱势方，即普通投资者。'明'则大不一样，聪明的投资者认为自己不聪明，至少不是足够聪明；'笨钱'则往往认为自己够聪明。

"聪明的投资者和'笨钱'相同的'自知'，不同的'明'，导致两者炒股逻辑从源头上就不一样。

"你前几天讲了一个六祖慧能的小故事，故事中提到了'风动''幡动'和'心动'。股市也有三个'动'：

"第一，基本面的变动。

"第二，股价的变动，即技术面的动。

"第三，投资者预期的变动。

"炒股炒的是股价的变动。很明显，技术面如同'幡动'一样，股价的变动一目了然。通常情况下，基本面和技术面都可能导致投资者的预期产生变动，进而形成交易决策，从而进行买卖操作。"

悟空说："李总，您讲得有点复杂了。俺理解，买卖股票是投资者'心动'的结果；基本面和技术面的变动是投资者'心动'的原因。"

李总说："好，那你就这样理解吧。悟空，我问你，普通投资者根据基本面和技术面的变动买卖股票，在逻辑上合理吗？"

悟空说："当然不合理了！您刚讲过股市导航图的出发点，普通投资者不具备'专业基本面分析'的神通。俺老孙认为，普通投资者应该也不具备'技术分析'的神通。没有神通，还自以为有神通，甚至信心满满地用神通，这不茅山道士嘛。"

李总说："股市中，无论是基本面分析，还是技术分析，事实上都不是神通。仙界中的神通，是一一对应的因果关系。悟空，你拥有七十二变的神通，说变，你就真能变了。但是，股市不一样，基本面分析和技术分析都是对未来的猜测，可能对，也可能错，不存在一一对应的因果关系。只是，机构投资者猜对的可能性大一些，普通投资者猜对的可能性小一些。

"对了，你学练炒股，不要再提神通二字了。在炒股界，所谓基本面分析的神通，叫'权威机构的权威研报'；所谓技术分析的神通，叫'圣杯'。通常情况下，采用技术分析的人老实，都承认技术分析领域不存在'圣杯'。"

悟空恍然大悟，说道："李总，俺老孙懂了！

"普通投资者误以为自己能够做好基本面分析和技术分析，还根据自己的分析结果做交易。这样的炒股方法，逻辑上不合理，所以赔钱。

"您前面讲过，股市博弈不是多空博弈，而是赢家和输家之间的博弈，也就是'聪明钱'和'笨钱'的博弈。俺老孙以后炒股，自己不做股价多空的判断，而是要搞清楚'聪明钱'的判断结果。然后，跟在'聪明钱'后面做交易，当个聪明的投资者。"

李总说："悟空，聪明的投资者使用的炒股逻辑，就是跟着'聪明钱'走。'聪明钱'做多，就买股票；'聪明钱'翻空，就卖股票。"

悟空说："这样的炒股逻辑，的确比'笨钱'的炒股逻辑要合理很多。但是，还是有两个漏洞：

"第一，'聪明钱'不会全对，也有判断错误的时候。

"第二，聪明的投资者，在判断'聪明钱'的意图时，也可能出错。"

李总问道："你齐天大圣在取经路上，经常被妖怪捉，被妖怪绑。你当时是怎么做的？"

悟空说："俺老孙想办法逃呀！逃出来才能救师父呀！"

李总哈哈大笑："悟空，尽管你有天大的本事，打怪捉妖也有失手的时候。

"'聪明钱'再聪明，也有错的时候；你学练得再好，也会经常出错。

"无论是'聪明钱'错，还是你错，总之就是你炒股出错了。这个时候，资金账户的数字会直接告诉你，你亏钱了，被套了。等同于你被妖怪捉了，绑了。

"怎么办？

"逃呗。

"不赶紧逃，有可能越亏越多。亏损幅度超过20%，恭喜你，你就成为'笨钱'了。

"在炒股中，'逃'被称为止损。取经路上，你会逃，是真本事；炒股，你会止损，同样是真本事！"

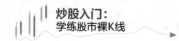

四、聪明投资者的炒股逻辑

李总接着又问道："悟空，你刚才说，你以后炒股，自己不做股价多空的判断，只去搞懂'聪明钱'的判断结果，然后跟随'聪明钱'做交易。你再想想，聪明投资者的炒股逻辑真的是这样吗？"

悟空挠挠头，反问："难道不是这样吗？"

李总说："悟空，你这是知其然不知其所以然呀！

"这样说吧，股市中有很多听'内幕消息'炒股的'笨钱'，他们的炒股逻辑就跟你一模一样。这些'笨钱'知道自己没有能力做好市场的多空判断，也知道'聪明钱'的判断结果往往是对的。因此，他们自己不做多空判断，而是听所谓'聪明钱'的'内幕消息'做交易。"

悟空说："这个俺懂。'聪明钱'与俺非亲非故，他们才不是让俺老孙凭空发大财的好心人。李总，您倒是讲讲'所以然'呀！"

李总说："悟空，聪明投资者其实做的是双重判断。首先，聪明投资者会根据自己的炒股知识和炒股经验，做好股价的多空判断；然后，把自己的判断和'聪明钱'的判断做对照，看看结论是不是一样。"

悟空说："俺懂了。这个道理就跟俺老孙西天取经一样。观音菩萨告诉俺，有一个唐僧要去西天取经。俺老孙自然是相信观音菩萨的话。这就是俺的第一次判断，俺有可能脱离五行山的苦海。当唐僧真的出现在俺眼前，俺的第一次判断就获得了事实确认。俺老孙真的能脱离五行山的苦海了！这就是俺的第二次判断。"

李总说："行吧，你就先这样理解吧。"

五、"聪明钱"的炒股逻辑

悟空想了一会儿，说："李总，有个关节点，您还没有给俺讲！

"您刚讲了'笨钱''自以为是'的错误炒股逻辑；也讲了聪明投资者'搭便车'的炒股逻辑。但是，您没有讲聪明钱的炒股逻辑。

"俺老孙跟您学了好几天，感觉'聪明钱'就是股市中能够呼风唤雨的'神仙'。他们的多空判断和交易行为能够左右市场的行情。您得把他们的炒股逻辑也给俺讲一讲呀。"

李总说："悟空，'聪明钱'不是神仙。他们也有看错做错的时候，甚至还有看对做错的情形。总之，他们也会赔钱。当然了，'聪明钱'在顺势而为的前提下，一定程度上能够影响短期行情。"

李总接着说："'聪明钱'的炒股逻辑，说起来有点复杂。'聪明钱'是专业投资机构的集合，可以分为两种类型，投资型'聪明钱'和投机型'聪明钱'。

"投资型'聪明钱'的炒股逻辑是，'买进并长期持有卓越企业的股票'，这是最有利可图的投资行为。由于这类聪明钱重点关注特定上市公司本身的价值，也被称为价值投资者。

"投机型'聪明钱'的炒股逻辑是，'积极参与市场的热点炒作，并从股价的大幅波动中获利'，这才是脚踏实地的投资行为。这类聪明钱重点关注的是板块轮动导致的股价大幅波动，因此也被称为市场的'热钱'或是'快钱'。

"悟空，你学练炒股的目的是'擒牛捉妖'，可以先琢磨投机型'聪明钱'的想法和做法。

"投机型'聪明钱'的想法很简单，他们会寻找未来几个月有可能会大涨50%以上的个股，并提前低价买进。

"他们的做法也很直白，就是利用某种特定的利好，尝试推升几只个股大幅上涨；随后观察市场的反应。如果市场认可这种特定的利好，就会出现题材效应，形成新的上涨板块。当新的上涨板块涨到一定程度，他们就会卖出离场。"

悟空说："俺大致懂了。俺炒股首先要找到'聪明钱'。聪明的投资者不是只盯着大盘指数，而是要在股市几千只股票中，找到'聪明钱'关注的个股。"

李总说："悟空，'聪明钱'关注的个股，你能够发现吗？"

悟空说："俺不能。聪明的投资者一般也不能。"

李总说："对。'聪明钱'低价买进叫吸筹，高价卖出叫派发。他们是静悄悄地吸筹，市场谁都不知道；派发时却是大张旗鼓，市场人人皆知。"

悟空说："俺懂了。俺要在题材效应的初期，找到聪明钱。但是，俺感觉真这么去做，还是有难度。您有方法吗？俺能学能练吗？"

李总呵呵一乐，点了点头说："有方法。你也能学能练。明天再讲吧。"

第 ② 部分

悟空，炒股先练这一招

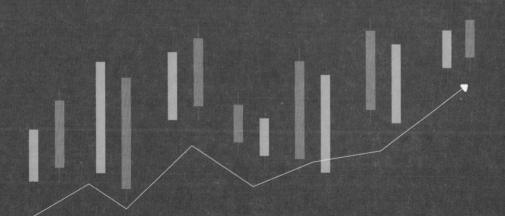

第七天，悟空又早早地去找李总。

一、学练聪明投资者最核心的炒股技能

李总告诉悟空："炒股既不是'风动'和'幡动'，也不是'心动'，而是行动。行动是指投资者买卖股票的具体行为。

"现在买卖股票很简单，动动手指头就能够完成买卖操作。但是，'笨钱'买了怕跌，卖了怕涨，总是做不好这个简单的动作；而聪明的投资者则是敢买敢卖，会买会卖。

"悟空，聪明的投资者为什么敢买敢卖，会买会卖？一句话，是练出来的！"

悟空说："俺懂了。不是光练点鼠标这个动作，而是练'买股票'和'卖股票'。"

李总说："你先别琢磨了，练了再说吧。"

悟空赶紧埋头在小本上记笔记。

李总接着说："炒股几乎没有任何门槛。交易无外乎一买一卖，简单，非常简单。买就是进场，卖就是出场，一进一出，要么赚钱，要么亏钱。不买也是一种操作，就是空仓。空仓不能赚钱，但也不会亏钱。

"股市不存在每次交易都赚钱的'圣杯'，炒股赚钱的唯一方法是'小赔大赚'。亏钱的时候，亏小钱；赚钱的时候，要赚大钱。假设亏钱固定为 300.00 元 / 次，赚钱为 1000.00 元 / 次。每次都用 10000.00 元的本金，进场做 4 次交易，输 3 次亏 900.00 元，赢 1 次赚 1000.00 元，总的结果还是赚。

"炒股必须牢记一点，股市有规则，交易也必须有规则。

"交易的规则，首先是进场的规则。进，一定要先有进场信号。进场信号出现后，'买'的落脚点通常是 K 线。一根或是一组 K 线收定后，满足了特定交易策略的前提条件，就是信号 K 线。信号 K 线出来后，随后的价格运动若满足交易策略的规则，应及时买进。买进时的 K 线就是进场 K 线。

"其次，是止损的规则。信号 K 线除了作为进场的标准，更重要的是它同时给出了进场后的止损价格，通常在信号 K 线最低价下方一点点。带着止损规则进场操作，自然就固定了亏损额。因此，多数情况下，信号 K 线同时也是止损

参考 K 线。

"最后，是止盈的规则。炒股是'计划自己的交易，交易自己的计划'。进场后，股价到达计划的目标价，及时止盈出场。

"'一进两出'是交易规则的核心内容。'一进'是指按照进场规则买股票。'两出'是按照离场规则卖股票的两种形式，赚钱离场是止盈，亏钱离场是止损。"

李总强调："天地以昼夜为循环，日线走势图在炒股中最重要。因此，悟空你的培训主要采用日线走势图。"

二、学习孕线基础交易法的规则

李总说："悟空，能够严格按照交易规则进场和出场，是交易技能的基本功。最好的训练方法是孕线基础交易法。我先给你讲讲，你好好记笔记。"

悟空认认真真做了如下笔记。

（一）什么是孕线

孕线是相邻两根 K 线的组合，也称内包线。如图 6-1 所示，连续两根 K 线，后一根 K 线的最高价小于前一根 K 线的最高价，并且后一根 K 线的最低价大于前一根 K 线的最低价，这样的两根 K 线组合就是孕线。孕线与两根 K 线的阴阳无关，后一根名为子线，前一根名为母线。

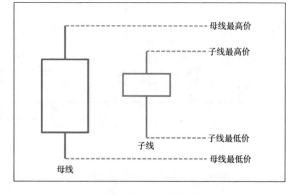

图6-1　孕线组合

（二）什么是盈亏比

交易规则中"一进两出"涉及三个价格，即进场价、止损价和止盈价。

在做多模式中，止盈价与进场价的差值，是投资者的盈利；进场价与止损价的差值，是投资者的风险。盈利与风险的比值，称为盈亏比。

例如，进场价为 10.00 元 / 股，止损价为 9.00 元 / 股，止盈价为 13.00 元 / 股，则盈利为 3.00 元，风险为 1.00 元。盈亏比为 3∶1。如果把风险定义为 R，盈亏比也可以表述为 3R。

（三）孕线基础交易法的交易规则

孕线交易法有很多种交易策略，悟空学练的是一种简单明了的交易策略，李总称为"孕线基础交易法"。它是以子线为参考，1∶1盈亏比做多模式，规则如下。

　　孕线基础交易法的信号K线是两根K线，如图6-2所示。当孕线组合成立后，以子线的最高价加上0.02元作为进场标准，子线的最低价减去0.02元作为止损价。

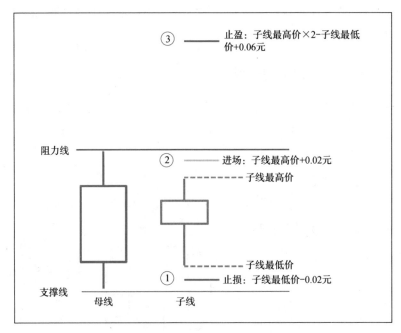

图6-2　孕线基础交易法的策略

$$进场价 = 子线最高价 +0.02$$
$$止损价 = 子线最低价 -0.02$$

止盈价 = 进场价 + 止盈价格空间

　　　　=(子线最高价 +0.02)+[(子线最高价 +0.02)-(子线最低价 -0.02)]

　　　　= 子线最高价 ×2- 子线最低价 + 0.06

　　在价格行为学中，价位数值相同的等高点一般代表了较强的阻力，称为等值阻力。而价位数值相同的等低点则代表了较强的支撑，称为等值支撑。

　　在孕线基础交易法的策略中，人为规定了进场标准高于子线最高价0.02元，主观判断为价格突破了最近的阻力线，市场可能倾向于上涨，因此进场买进做多。

　　进场后，如果跌破了子线的最低价，就应判断为价格跌破了最近的支撑线，市场可能倾向于下跌，需要及时止损离场。

止损操作后，实际亏损额等于子线振幅 +0.04 元，即（子线最高价－子线最低价）+0.04 元。

如果没有触及止损价，就按照 1 : 1 的盈亏比，主动在止盈价离场。

（四）孕线基础交易法的实战规则

信号 K 线孕线成立后，随后的走势可以分为以下几种情形。

第一，子线后的第一根 K 线上破进场价格，买进。

在 T+1 模式，当天不能做卖出操作。如果买进后当天触及止损价，第二天集合竞价卖出。

除此之外，在 T+1 及之后的交易日，设置止盈条件单和止损条件单，自动离场。

第二，子线后的第一根 K 线高开，直接超过了进场价格，不追高，仍以进场价格限价买进。当天不能成交，该信号 K 线失效。

第三，子线后的第一根 K 线下破子线的最低价，信号 K 线失效。

第四，子线后的第一根 K 线与子线再次形成孕线，先前的孕线组合失效，以新的孕线组合作为信号 K 线。

第五，进场后等待自动离场期间，再次出现孕线组合，视为一次新的交易机会，与先前的操作无关。

三、李总讲解具体该怎么学和怎么练

李总一口气讲完了孕线基础交易法，就让悟空自己看笔记，再消化消化。

悟空反复看了十多遍的笔记，还是满脑子问号。不得已，只能问李总。

李总并没有理会悟空提出的一堆问题，反而要求悟空先不要问"为什么"。原因在于交易技能培训，重要的是搞清楚该怎么做。只要会做了，做的量足够了，很多"为什么"自然就搞懂了。

根据李总的讲解和示范，悟空又做了如下笔记。

（一）设置孕线基础交易法的训练专用界面

孕线基础交易法只需要看裸 K 线（K 线图上不设置技术指标，常被称为裸 K 线）。同时，该交易法的 1 : 1 盈亏比做多模式，针对的是小空间行情，在炒股软件的屏幕中调整 K 线的数量，在 60 根之内为宜。细致处理的时候，可仅保留 10 根左右的 K 线。

如图 6-3 所示，只使用主图一个窗口，K 线有 50 根左右。

图6-3 孕线基础交易法的裸K线界面

训练首先要在走势图上找出存在的孕线组合，如图 6-4 所示。走势图中有 13 组孕线，人工识别并将它们都标注出来，并不容易。

图6-4 在行情软件上手动标注孕线

（二）使用专用指标公式

使用通达信公式，编写一个"孕线主图 01"指标公式，公式源代码如下。

```
YUNX:=H<REF(H,1) AND L>REF(L,1);
L1:=H+0.02;{ 进场价 }
L2:=L-0.02; { 止损价 }
L3:=2*L1-L2; { 止盈价 }
DRAWSL(YUNX, L1, 0,1,0),COLORFF0000,LINETHICK2;
DRAWSL(YUNX, L2, 0,1,0),COLOR4080FF,LINETHICK2;
DRAWSL(YUNX, L3, 0,1,0),COLORRED,LINETHICK2;
```

```
CON1:=YUNX AND REF(C,1)>REF(O,1);
YAX:=BACKSET(CON1,2);
STICKLINE(YAX AND C>O,C,O,-1,1),RGBXCC9933;
STICKLINE(YAX AND C<=O,C,O,-1,0),RGBXCC9933;
STICKLINE(YAX,H,MAX(O,C),0,0),RGBXCC9933;
STICKLINE(YAX,MIN(O,C),L,0,0),RGBXCC9933;
CON2:=YUNX AND REF(C,1)<REF(O,1);
YIX:=BACKSET(CON2,2);
STICKLINE(YIX AND C>O,C,O,-1,1),COLORFF0000;
STICKLINE(YIX AND C<=O,C,O,-1,0),COLORFF0000;
STICKLINE(YIX,H,MAX(O,C),0,0),COLORFF0000;
STICKLINE(YIX,MIN(O,C),L,0,0),COLORFF0000;
```

在主图添加该指标后，如图6-5所示。与图6-3一起对照着看，图6-5除了对孕线组合进行了特殊的颜色显示，还在子线基础上，标注了进场价、止损价和止盈价，一目了然。

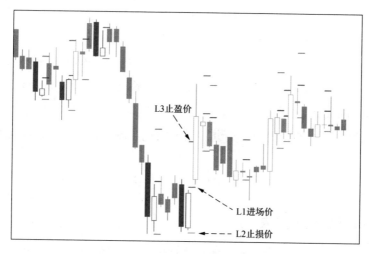

图6-5 "孕线主图01"指标公式

悟空旁白："指标公式就是照妖镜呀！"

"孕线主图01"指标公式的规则是"子线定母线"。如果孕线组合成立，那么就对子线和母线采用特殊的颜色进行显示，如图6-6所示。

母线为阳线时，以空心K线显示母线。若子线为阴线，子线显示为实体K线；若子线为阳线，子线显示为空心K线。

母线为阴线时，以实体K线显示母线。若子线为阴线，子线显示为实体K线；若子线为阳线，子线显示为空心K线。

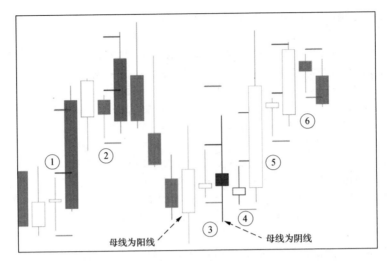

图6-6 "孕线主图01"指标公式的显示规则

图6-6中的①②③④⑤⑥，代表了6次孕线基础交易法的裸K线读图训练。

① 母线阳线，子线阳线。买进，止盈离场。

② 母线阳线，子线阴线。买进，止盈离场。

③ 母线阳线，子线阳线。如果市场先到达止损价，该组孕线失效，不操作。如果市场先到达进场价，先买进，而当天又触及了止损价，第二天集合竞价卖出。

④ 母线阴线，子线阳线。买进，止盈离场。

⑤ 母线阳线，子线阳线。买进，当天触及止盈价，不能进行止盈卖出的操作，持股等待。

⑥ 母线阳线，子线阴线。市场先到达止损价，不操作。

四、读图训练的四种方法

李总给悟空画重点："读图训练分为静态和动态两个维度。每个维度又分解为定性和定量。"

悟空赶紧在小本上记下了读图训练的方法论。

散户很适合采用技术分析的方法炒股，至少入门阶段应该如此。原因在于交易进入计算机时代后，在股市的技术分析领域机构的优势大大降低了。散户几乎能够与机构同时获取行情数据，并借助行情软件进行各种类型的技术分析。

所有的技术分析本质上都是"读图"。而行情的技术分析就是对走势图的解释和主观预测，读图能力也因此成为投资者最基础和最重要的技能之一。

练习读图需使用指标公式（孕线主图 01），它有意识地强化了特征 K 线在实际走势图表中的具体变化，并且以不同的规则对特征 K 线进行显示。使用指标公式，能够快速提高投资者对 K 线图，以及信号 K 线的识别能力。

具体训练以通达信行情软件为基础，并使用 PPT 和 Excel 软件作为辅助工具。

（一）历史走势的静态定性读图训练

把炒股软件的屏幕设置为带"孕线主图 01"指标的 K 线图，图中约 50 根 K 线。使用截图工具截取屏幕后，将截图粘贴进 PPT 软件，并在 PPT 软件的图片上，手动标注孕线序列号，如图 6-7 所示。

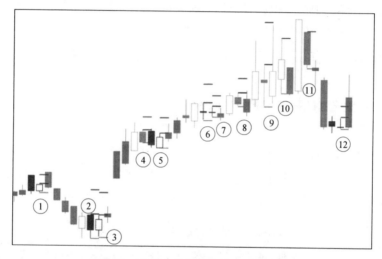

图6-7　历史走势的静态定性读图训练

随后使用 Excel 软件做读图记录，如表 6-1 所示。针对图 6-7 标注的 12 组孕线模拟交易操作，分析持股时间和离场情况。

表6-1　孕线的静态定性读图训练表

序列号	母线	子线	操作	持股时间	离场分类	备注
1	阴线	阳线	买进	1T	止损	
2	阳线	阴线	失效			新孕线
3	阴线	阳线	买进	1T	止盈	
4	阳线	阴线	买进	1T	止损	
5	阴线	阳线	买进	2T	止盈	
6	阳线	阴线	失效			新孕线
7	阴线	阳线	失效			破低点

续表

序列号	母线	子线	操作	持股时间	离场分类	备注
8	阳线	阴线	失效			破低点
9	阳线	阴线	买进	3T	止盈	
10	阳线	阳线	失效			破低点
11	阳线	阴线	失效			破低点
12	阴线	阴线	买进			持股

图 6-7 中的 12 组孕线，小计 6 次买进，6 次失效。

6 次买进操作中有 5 次已经离场，3 次止盈，2 次止损。最后一次买入由于 T+1 规则限制，当天买进后，处于持股期间。

5 次离场中，有 3 次持股 1 个交易日，1 次持股 2 个交易日，1 次持股 3 个交易日。

（二）历史走势的静态定量读图训练

重复多次静态定性读图训练后，改为在炒股软件上进行静态定量读图训练。在此训练过程中，同样需要参照表 6-1 完成记录和分析。

静态定量读图训练的目的是，强化训练投资者对价格的感知力。针对图 6-7 中的 12 组孕线，模拟交易训练的结果如表 6-2 所示。

表6-2　孕线的静态定量读图训练表

序列号	子线最高价（元）	子线最低价（元）	进场价（元）	止损价（元）	止盈价（元）	止盈百分比	操作	持股时间	离场分类	备注
1	23.45	23.17	23.47	22.15	23.79	-1.36%	买进	1T	止损	
2	22.38	21.55	22.40	21.53	23.27		失效			新孕线
3	22.36	21.60	22.38	21.58	23.18	3.57%	买进	1T	止盈	
4	25.42	25.00	25.44	24.98	25.90	-1.81%	买进	1T	止损	
5	25.31	24.81	25.33	24.79	25.87	2.13%	买进	2T	止盈	
6	26.42	25.81	26.44	25.79	27.09		失效			新孕线
7	26.28	25.93	26.30	25.91	26.69		失效			破低点
8	26.78	26.32	26.80	26.30	27.30		失效			破低点
9	27.80	26.33	27.82	26.31	29.33	5.43%	买进	3T	止盈	
10	28.74	26.80	28.76	26.78	30.74		失效			破低点
11	29.00	27.70	29.02	27.68	30.36		失效			破低点
12	25.93	25.56	25.95	25.54	26.36		买进			持股

模拟交易中，静态定量训练除了可以提高对价格数值的感知，更重要的是对数值与相应的百分比也建立感知。

很明显，由于进场价格和止损价格各自外延了 0.02 元，当股价在 4.00 元 / 股以下时，0.02 元的绝对价格意味着将近 1.00% 的价格空间。进而得出结论：低价股在交易中存在明显的数学劣势。

根据表 6-2 的分析结果，1∶1 盈亏比做多模式，本质上是一种快进快出的短线交易策略，胜率大致在 50% 左右。按照这个交易策略实战操作，结果大概率是不亏不赚，赔的仅仅是手续费。

（三）历史走势的动态定性读图训练和动态定量读图训练

动态读图训练也分为定性读图和定量读图。先做动态定性读图训练，后做动态定量读图训练。

动态读图训练时，必须建立行情是基于时间周期运动的概念。以日线的历史走势图为例，要有 1 根 K 线是一天的时间感，5 根 K 线就要走一周。过去的行情是花时间走出来的，未来的行情也必然需要时间。

训练对时间的感知力，传统的方法是投资者手绘 K 线图，现今已无必要。李总教给悟空的方法是，用 PPT 和 Excel 软件做读图记录和分析。

通过具体的记录和分析的动作，让连续的 K 线图走势产生特定的停顿点。此时的停滞感自然就会让投资者对时间的流逝形成一定的感觉。

动态读图训练还需在炒股软件中，输入快捷键"47"，然后按回车键"Enter"，进入"训练模式"。在训练模式下，以特定历史时间为起点，逐根 K 线动态展示随后的价格运动。利用这个功能对历史走势做动态训练。

动态定性读图训练时，需要参照表 6-1 记录练习结果。同样，动态定量读图训练也要参照表 6-2 记录练习结果。最后，都需要对动态读图训练和模拟交易的数据进行分析。

五、孕线基础交易法的实盘训练方法

李总总结："任何形式的模拟训练都不如实战有效。如果把赔的手续费作为炒股的学习成本，该交易策略能够让投资者快速实现 100 次以上的实战操作。"

李总为悟空准备了一个 10 万元的实盘账户，要求悟空每天交易 5～10 次。具体方法如下。

基于"孕线选股 01"指标公式，编写名为"孕线选股 01"选股公式，公式

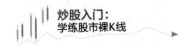

源代码如下。

```
YUNX:H<REF(H,1) AND L>REF(L,1);
```

悟空的实盘训练，需要先新建一个名为"孕线指示"的自定义板块，用来放置当天可能交易的个股。自选股板块则放置买进后的个股。实战交易需要记录交易明细和账户资金数据，用 Excel 软件完成。

悟空实战的场景大致如下。

开盘前，用选股公式"孕线选股 01"筛选出前一个交易日形成了孕线走势的个股。然后从中随机选出 20 只个股放入自定义板块"孕线指示"，股价范围在 10.00 ～ 20.00 元 / 股。该板块每天全部更换一次。

利用通达信的"设置条件预警"功能，按照交易规则对 20 只个股设置好预警价格。上破价设置为子线最高价加上 0.02 元；下破价设置为子线最低价。

在账户资金允许的情况下，使用条件买进单，按照特定个股的进场价格分别填好单子。

开盘后，若出现价格下破的预警提示，在自定义板块"孕线指示"中，删除被预警的个股。如果该个股有提前下单，也同步删除，改为填写另一只个股的买进条件单。

在买进特定个股后，将此个股手动加入自选股板块，并重新设置预警价格。上破价格设置为止盈价，下破价格设置为止损价。

同步对交易做好买进记录，以及止损单和止盈单的记录。

收盘后，依据实际交易记录，整理交易明细和账户资金数据。

悟空的实盘训练需要注意以下三点。

第一，每只个股每次交易数量为 100 股。

第二，账户实际持股数量不要超过 10 只。

第三，正常情况下，自选股板块中的个股应与账户持股一致。开盘时要盯住自选股板块。开盘盯自选股的目的是要手动处理例外情况，包括价格高开超过了止盈价，或是价格低开跌破了止损价。两种情况都需要在开盘后及时离场。

六、悟空交的第一份作业

整整两周时间，在热情的作用下，聪明、自律的悟空诠释了什么叫勤奋。

悟空练习孕线基础交易法，使用历史走势的静态定性读图训练，小计 276

次；使用历史走势的静态定量读图训练，小计 178 次。

悟空使用炒股软件的训练模式，完成了历史走势的动态定性读图训练 123 次，历史走势的动态定量读图训练有 237 次。

此外，悟空还做了 52 次实盘训练。

悟空仅用了两周时间，共计完成了 814 次模拟交易训练和 52 次实战操作。初步达到了交易次数的基本强度。

悟空在练习的过程中，也逐渐得出了自己的结论。

第一，孕线基础交易法 1∶1 盈亏比做多模式，真的就是白忙活。

第二，使用孕线做判断，有可能发现一段走势的顶部或是底部。上涨一段时间后，孕线尽管给出了买进机会，却没有止盈的机会。随后几天单子被止损打掉，这很大可能是顶部。下跌一段时间后，孕线买进很容易止盈，甚至需要手动止盈，这很大可能就是底部。

七、李总点评孕线基础交易法训练成果

李总对悟空前两周的训练量和交的作业感到非常满意。尤其在看到悟空 5 次遇到大幅高开的情形时，都及时手动处理了，他夸奖悟空"守纪律，没有贪"。

最后，李总点评了孕线基础交易法训练方案。悟空做了如下笔记。

该训练方案第一个目的也是最核心的目的是，让悟空快速形成正确的交易本能——严格按照专业的交易规则，像专业交易员一样果断进场和出场。悟空经过这样的训练之后，在未来的交易生涯中，很难再出现"韭菜"常犯的低级错误。

第二个目的是让悟空理解，交易是一个专业性极强的技能，需要有工具包和标准化的操作流程（Standard Operating Procedure，SOP）。更重要的是，针对例外情况要有处理预案。

第三个目的是高强度的读图训练。这比看书、看视频的学习效果更好。动态读图训练比静态读图训练效果好。悟空现在已经具备较高水平的裸 K 线读图能力。

悟空心想："确实是这样。"

既然聪明的悟空已经意识到顶和底的问题，也有了趋势的概念。培训就进入下一个阶段。

李总拿出了一份资料，让悟空自己先看几遍。

一、学练"孕线+双色均线"趋势战法

悟空接过资料，默默地阅读。

"孕线＋双色均线"趋势战法是一套将基本 K 线形态（孕线）与市场趋势（均线）相结合的交易法。

（一）均线的基本概念

均线是移动平均线的简称，一般以收盘价作为标准。以日 K 线图为例，把 N 天内的收盘价算术平均，并且连成折线。N 取 5 就是 5 均线，取 60 就是 60 均线。均线直观表示了以"N 天"为时间周期的价格走势特征。

根据股市交易的时间规则，通常一周有 5 个交易日，一个月约 20 个交易日，一个季度 3 个月，大约有 60 个交易日。因此，20 均线也被称为月线，60 均线为季线。对于中短线交易，一般认为 5 均线或是 10 均线是短期均线，20 均线是中期均线，60 均线是长期均线。

在走势图上，均线的方向有向上、向下和走平三个方向。

小数值均线上穿大数值均线叫金叉，反之称为死叉。

当 K 线图中设置有多根均线时，从上到下的均线，数值从小到大，称为多头排列。例如，5 均线大于 10 均线，10 均线大于 20 均线，20 均线大于 60 均线；反之，则是空头排列。

多根均线绝对值相差很小，且都走平，称为均线黏合。反之，则称为均线发散。

（二）双色 20 均线的规则

以 5 均线和 20 均线的金叉和死叉，作为不同趋势的颜色标准。金叉之后，两根均线多头排列，20 均线画橙色线；死叉之后，20 均线画蓝色线。

（三）"孕线＋双色均线"趋势战法的交易规则

在孕线基础交易法的规则上，只在出现橙色 20 均线时，依据孕线组合做交易。

二、李总的讲解与示范

李总给的资料字少事多，还没有配图。悟空看了个云里雾里，强行记下了一些重要术语。半个时辰后，悟空找到了李总。

悟空这次学乖了，没有提问"为什么"。李总也没有客套，直接开讲。悟空做了如下笔记。

（一）均线是重要的趋势指标

一般来说，所有的价格运动都可以认为是趋势运动。所谓趋势，最重要的特征就是维持惯性。既然是惯性，那就不会轻易改变，也就意味着持续性。持续性就意味着可预测性。

基于此，可将趋势分为上涨趋势、下降趋势和横向运动。以双色 20 均线为例，橙色阶段是上涨趋势，蓝色阶段是下降趋势。橙色和蓝色短期内交替出现，并且大致走平，就是横向运动。

（二）读图训练的目的和方法

炒股赚钱最关键的要点是"做对趋势"。双色 20 均线读图训练，目的就是初步形成趋势交易的概念，即只在上涨趋势中做多。

具体的学练方法，除了更换指标公式和选股公式，其余与第一阶段一样。

（三）导入新的指标公式和选股公式

在炒股软件中分别导入新的指标公式"孕线主图 02"和选股公式"孕线主图 02"。

"孕线主图 02"指标公式的公式源代码如下。

```
MAS:=MA(CLOSE,5);
MAM:=MA(CLOSE,20);
IF(MAM>MAS,MAM,DRAWNULL),COLORFF0000;
IF(MAM<=MAS,MAM,DRAWNULL),COLOR4080FF;
DRAWKLINE(HIGH,OPEN,LOW,CLOSE);
YUNX:=H<REF(H,1) AND L>REF(L,1);
L1:=H+0.02;
L2:=L-0.02;
L3:=2*L1-L2;
DRAWSL(YUNX, L1, 0,1,0),COLORFF0000,LINETHICK2;
DRAWSL(YUNX, L2, 0,1,0),COLOR4080FF,LINETHICK2;
DRAWSL(YUNX, L3, 0,1,0),COLORRED,LINETHICK2;
CON1:=YUNX AND REF(C,1)>REF(O,1);
```

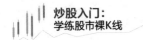
```
YAX:=BACKSET(CON1,2);
STICKLINE(YAX AND C>O,C,O,-1,1),RGBXCC9933;
STICKLINE(YAX AND C<=O,C,O,-1,0),RGBXCC9933;
STICKLINE(YAX,H,MAX(O,C),0,0),RGBXCC9933;
STICKLINE(YAX,MIN(O,C),L,0,0),RGBXCC9933;
CON2:=YUNX AND REF(C,1)<REF(O,1);
YIX:=BACKSET(CON2,2);
STICKLINE(YIX AND C>O,C,O,-1,1),COLORFF0000;
STICKLINE(YIX AND C<=O,C,O,-1,0),COLORFF0000;
STICKLINE(YIX,H,MAX(O,C),0,0),COLORFF0000;
STICKLINE(YIX,MIN(O,C),L,0,0),COLORFF0000;
```

　　源代码的前4行是在指标公式"孕线主图01"基础上，添加了双色20均线。

　　主图使用"孕线主图02"指标公式后，画图效果如图7-1所示。左侧是橙色线变深色线，这是下降趋势，蓝色线下方出现孕线组合的不做交易。右侧是浅色线，出现孕线组合时按照规则做模拟交易。

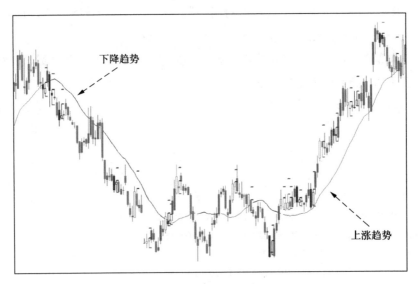

图7-1　　"孕线主图02"指标公式

　　需要注意的是，在图7-1的下面，蓝色线与橙色线交替出现，这是横向运动。尽管在历史图表上，一眼就能够看出横向运动，但是，在走势运行的过程中，很难直接得出结论。

　　因此，只要是符合在橙色线上出现的孕线组合，都可以主观视为趋势处于多头，进行买进操作。配套的"孕线选股02"的选股公式，公式源代码如下。

```
YUNX:=H<REF(H,1) AND L>REF(L,1);
MAS:=MA(CLOSE,5);
MAM:=MA(CLOSE,20);
CON:=MAM<=MAS;
YUNX AND CON;
```

三、3：1盈亏比的读图训练

李总建议悟空："通常情况下，1：1盈亏比做多模式很难赚钱。可以把'孕线＋双色均线'趋势战法的盈亏比调整为3：1。交易策略的结果还是使用人工回测。"

可将"孕线主图02"指标公式稍作修改，"孕线主图03"指标公式的公式源代码如下。

```
MAS:=MA(CLOSE,5);
MAM:=MA(CLOSE,20);
IF(MAM>MAS,MAM,DRAWNULL),COLORFF0000;
IF(MAM<=MAS,MAM,DRAWNULL),COLOR4080FF;
DRAWKLINE(HIGH,OPEN,LOW,CLOSE);
YUNX:=H<REF(H,1) AND L>REF(L,1);
L1:=H+0.02;{进场价}
L2:=L-0.02;{止损价}
L3:=2*L1-L2;{1比1止盈价}
L4:=2*L1-L2+(L1-L2); {2比1止盈价}
L5:=2*L1-L2+2*(L1-L2); {3比1止盈价}
DRAWSL(YUNX, L1, 0,1,0),COLORFF0000,LINETHICK2;
DRAWSL(YUNX, L2, 0,1,0),COLOR4080FF,LINETHICK2;
DRAWSL(YUNX, L3, 0,1,0),COLORRED,LINETHICK2;
DRAWSL(YUNX, L4, 0,1,0),COLORRED,LINETHICK2;
DRAWSL(YUNX, L5, 0,1,0),COLORRED,LINETHICK2;
CON1:=YUNX AND REF(C,1)>REF(O,1);
YAX:=BACKSET(CON1,2);
STICKLINE(YAX AND C>O,C,O,-1,1),RGBXCC9933;
STICKLINE(YAX AND C<=O,C,O,-1,0),RGBXCC9933;
STICKLINE(YAX,H,MAX(O,C),0,0),RGBXCC9933;
STICKLINE(YAX,MIN(O,C),L,0,0),RGBXCC9933;
CON2:=YUNX AND REF(C,1)<REF(O,1);
YIX:=BACKSET(CON2,2);
STICKLINE(YIX AND C>O,C,O,-1,1),COLORFF0000;
```

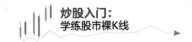

```
STICKLINE(YIX AND C<=O,C,O,-1,0),COLORFF0000;
STICKLINE(YIX,H,MAX(O,C),0,0),COLORFF0000;
STICKLINE(YIX,MIN(O,C),L,0,0),COLORFF0000;
```

与"孕线主图02"指标公式的源代码相比,增加了L4和L5两条线,用于指示更多盈亏比。其中,L3是1:1的盈亏比数值,L4是2:1的盈亏比数值,L5是3:1的盈亏比数值。画图效果如图7-2所示。

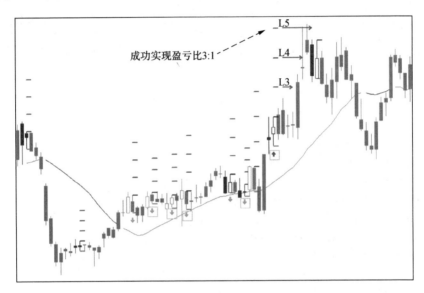

图7-2　"孕线主图03"指标公式静态读图

具体的训练方法如下。

静态读图训练时,出现信号K线后,查看后面的走势。若成功实现3:1的盈亏比,就在子线下方标记红色上箭头,并基于L3、L4和L5的位置向右延伸,画出3根水平的横向箭头线。若没有实现3:1的盈亏比,就主动止损离场,并在子线下方标记绿色下箭头。

在图7-2所示的K线图中,橙色20均线上方出现了7次孕线。依据规则可以模拟5次买进交易,其中只有1次模拟交易成功实现了3:1的盈亏比。

使用训练模式做动态定量读图训练时,出现信号K线孕线之后,按照指标公式提示的L3、L4和L5价位,手动画3根"标价线",如图7-3所示。后续无论是止盈离场,还是止损离场,之后就要删除对应的标价线。

李总再次强调:"所有的读图训练都要用Excel软件记录好。"

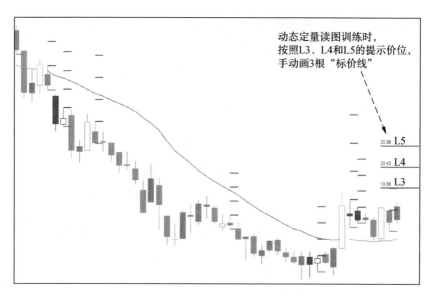

动态定量读图训练时，
按照L3、L4和L5的提示价位，
手动画3根"标价线"

20.98 L5

20.42 L4

19.88 L3

图7-3　"孕线主图03"指标公式动态读图

悟空好奇地问："俺每天做的实盘训练，要不要也把止盈价格改为3：1的止盈价？"

李总肯定地说："不能改！改了大概率要赔钱。"

四、上涨趋势段的读图训练

接下来，李总给悟空讲了双色20均线的进阶用法和练法，悟空做了如下笔记。

利用双色20均线，能够大致对价格运动形成的趋势进行标注。由于悟空炒股的训练只做多，模拟交易也只用上涨趋势的顺势进场交易策略，故只统计和分析上涨趋势的数据。进行静态读图训练时，直接回避横向运动和下降趋势。

如图7-4所示，上涨趋势的极限最低点叫底点，极限最高点叫顶点，顶点的最高价减去底点的最低价，得到上涨趋势的绝对值。上涨趋势的绝对值除以底点的最低价，得到上涨趋势的上涨百分比A。

图7-4中无阴影的部分是上涨趋势的确认阶段。以双色20均线第一天变为橙色，作为上涨趋势的确认时间点。第一天变蓝色作为上涨趋势结束的确认时间点。

当双色20均线变为橙色后，第一根K线的最高价作为可操作的起点，参见图7-4中左下角的向上三角形对应的K线。当双色20均线变为蓝色后，第一根K线的最低价作为可操作的终点，参见图7-4中最右侧的向下三角形对应的K线。

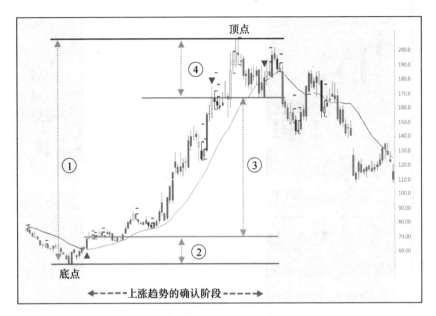

图7-4 分析上涨趋势

图7-4中，①是整个上涨趋势段的空间，②是趋势段的底部区间，③是可操作的区间，④是趋势段的顶部区间。

统计空间以百分比为准，包括上涨百分比（A）、底部区间占上涨段的百分比（②／①）、可操作区间的百分比（③／①）和顶部区间的百分比（④／①）。

时间的统计以天为单位，日K线走势图就是数K线。可操作区间和顶部区间的划分标准，需要等待双色20均线变为深色，确认了顶部区间后，再找到左侧第一根上破K线作为标准（参见图7-4中间的向下三角形所对应的K线）。

该项读图训练只做历史走势的静态读图训练，不统计个股双色均线频繁变色的情形。

悟空需要重点关注的是，个股上涨百分比A大于50%的历史走势图，并且价格运动清晰，20均线有明显的趋势指示效果。

李总强调："炒股相对于期货和外汇市场，最大的优势是可交易的品种数以千计。投资者应该，也必须只做强势股的强势阶段。"

李总反复叮嘱悟空："趋势交易不能有'抄底、逃顶'的想法，要在读图训练中逐渐形成'可操作区间'的空间概念，以及时间概念。买的时候，慢一点，要等待底部确认。卖的时候，要快一点，只要卖在可操作区间的上部就可以，卖在顶部区间很大程度是运气。'韭菜'们常说的股谚是'不吃鱼头、鱼尾，只吃鱼身'，我们需要先搞清楚三者在图上分别长啥样。"

悟空旁白："老君又开启了话痨模式。先把结论记下来再说吧。"

五、悟空交的第二份作业

一周后，悟空给李总提交了第二份作业。

这一周，悟空除了继续重复第一个阶段的训练，还练习了3∶1盈亏比的读图训练和双色20均线上涨趋势段的读图训练。

这两项训练给悟空最大的感受，就是一个字——慢！

这里的"慢"分为两个层面：一是训练速度慢，做完一个单项训练要花更多的时间；二是图表"走"得慢，等结果需要走更多的K线，也就是交易日天数。

悟空已经有了交易时间的概念。

悟空交完作业，等着李总点评。

李总却说："再练一周，下次一块儿讲。"

一周后，悟空又找到了李总，交完作业等着李总开讲。

一、李总的三个问题

这次李总跟以往不一样，上来就先问了悟空三个问题。

（一）问题1：悟空，每天交易你都在干啥？

悟空答："俺每天开盘前先要用选股公式选股，准备好当天要用的'孕线指示'的自定义板块。同时查看自选股板块，并对着账户的个股做一遍检查。

"集合竞价时，盯着自选股，做好及时手动操作的准备。如果出现条件单的例外情况，开盘后及时处理。

"开盘后，按照交易规则做各种操作，并做好交易记录。

"收盘后，整理当天的交易资料，把当天买进的个股加入自选股；当天卖出的个股从自选股删除。"

李总"嗯"了一声，继续问了第二个问题。

（二）问题2：悟空，你学到了啥？

悟空答："俺这些天想了一下，俺认为学到了这四点。

"第一，通达信的公式真的是照妖镜。Excel和PPT软件也是真好用。

"第二，孕线基础交易法真的不赚钱，白忙活。

"第三，孕线基础交易法是'几天'的走势，趋势是好多个'几天'的走势，持续的时间长很多。俺认为看K线是做短线交易，看双色均线是做中期交易。

"第四，目前你教的方法，交易做到1∶1的盈亏比很常见，做到3∶1的盈亏比有点难。"

（三）问题3：悟空，你有啥问题要问我？

李总听悟空回答完前两个问题，说道："悟空，你有啥问题要问我。你先想一下，只能提一个问题。"

悟空其实有好多问题想问，就琢磨了一会儿，问道："李总，您为什么让俺反复练习一个不赚钱的交易策略？"

李总呵呵一笑，说道："真不愧是石猴子！这个问题好！"

二、李总对孕线基础交易法的总结

李总说："悟空，你已经看了很多张这样的走势图，不说上千张，至少也有好几百张。你还统计了好多数据。"

李总接着反问道："假如我们换一种方法，悟空，你猜账户会是什么样？"

悟空知道，自己的实战账户这一个月下来，只是赔了一些手续费。单看交易，大致就是一个平手，就没有答话。

李总说："现在的股市不是牛市，没有什么行情。这是训练炒股最好的阶段。如果真是大牛市，肯定不是这样的训练方法。牛市机会难得，赚钱比学习更重要。

"我们如果换一种交易策略做练习，你的账户就可能赚钱，也可能赔钱。无论是赚还是赔，你都可能惦记着，倒会忘记了自己正在做训练。"

接下来，李总就孕线基础交易法做了总结，悟空做了如下笔记。

（一）交易从买开始，要有规则

孕线基础交易法就算是千不好万不好，但它有两个好。

第一，它好在交易规则明确，容易上手，进而养成按照规则做交易的正确习惯。

第二，它好在真不容易赔钱，这是投资者获得实战经验成本最低的训练方式。

从交易技能培训来说，第一个好是关键。只有采取简单和明确的规则，才能形成合理的交易流程。

这一个月下来，悟空每个交易日该干啥，已经养成了好习惯。光这第一点，就等同于很多股民五年、十年走过的路。

悟空心想："莫非俺老孙这就已经是老股民了？！"

（二）孕线基础交易法的弊端

孕线基础交易法在技术逻辑上的确有不足之处。

回到图 6-2 的孕线，在很多情况下，母线是一根振幅较大的 K 线，技术上代表了一个价格区间，或是一个价格区间的主要组成部分。其最高价可以视为阻力线，最低价视为支撑线。

孕线基础交易法，无论是进场点还是止损点，都在阻力线和支撑线构成的小型区间范围内；止盈价格则在阻力线上方。价格要到达止盈位，需要突破母线最高价代表的阻力线，这意味着惯性可能改变。突破一般出现在趋势运动的早期，或是横向运动的晚期。

孕线基础交易法，仅仅依靠孕线组合中的子线作为信号K线，不能算是及格的交易策略。

（三）成功投资者的三大法宝

李总反复叮嘱悟空："只要不是大牛市，散户炒股票，大概率是赔钱容易、赚钱难。股市就是这样子的地方，赚钱的永远是极少数人。"

李总最后总结道："聪明的投资者必须有三大法宝：

"第一件宝贝是炒股工具包，主要是通达信的公式，也包括Excel和PPT软件。

"第二件宝贝是严格按照规则执行交易的习惯，还要有相应的交易流程。

"第三件宝贝是系统的技术分析知识，以及把特定知识点与实战相结合的能力。

"悟空，接下来的培训，就是大学习和大练习的阶段。

"首先，还是要继续每天实战练习孕线基础交易法，打磨炒股的前两件宝贝；其次，采用正确的方法，高强度学练炒股的系统知识。"

最后，李总嘱咐悟空："多琢磨一下孕线基础交易法的弊端，体会什么是交易逻辑。"

一个月的培训，悟空看了足够多的日 K 线图。无论是久病成医，还是熟能生巧，总之，现在的悟空对 K 线图很熟悉，尤其是孕线组合。即使是不带指标公式的普通裸 K 线图，悟空也能一眼就识别出几乎所有的孕线，并能目测各种盈亏比对应的价格位置；使用双色 20 均线分析趋势更是得心应手。

最重要的是，孕线基础交易法实战操作几乎成了悟空的本能，他不过脑子就能够完成每天的实战操作。

悟空非常期待李总说的"大学习大练习"的培训计划。

李总同样重视这个阶段的培训，专门把悟空找来，上了一堂动员课。

一、炒股是一门高专业性门槛的"生意"

李总说："古典时代的华尔街大师们，例如江恩和利弗莫尔等人，他们通常会把炒股比作两种情形。一种是使用外科医生来类比成功的专业交易员；另一种则强调'交易是一门专业性很强的生意'。

"很明显，外科医生只要做好手术这项单一工作就可以。他们不需要操心病人从哪里来，也不关心医院的经营管理，就只是专业的工作人员。散户炒股首先要操心的是，账户的本金从何而来，因此更适合用'生意'作类比。低买高卖就能炒股赚钱，这个特点与贸易型生意的原理类似。再加上股市中上市公司的数量众多，拿超市来做类比更合适一些。

"说到生意，第一，就要说外行和内行的差异。以开一家小超市为例，外行人的第一个烦恼可能是，进了这么多的货，要是卖不完，砸手上怎么办？而内行人，例如开过超市的老板，或是超市的工作人员，就不会有这样的烦恼。他们知道一个最基本的常识——'开门就有客'。只要是处于正常经营状态的超市，每天肯定会卖出去货物。

"悟空，孕线基础交易法你已经做了一个来月。你现在会担心资金账户突然大亏损吗？你肯定不会，因为你亲手练了一个月，你已经确信现在的交易方法不会突然出现大亏损。这就是内行的专业经验。"

李总接着说："第二呢，超市赚钱并没有什么秘诀。所有人都知道，进货是批发价，卖货是零售价，赚的是批零差价，本质上就是低买高卖。超市进货的食品，肯定不是老板自己吃光的，而是要售卖给顾客。散户股民买股票，大部分人肯定也不是想当股东，而是等涨价之后卖出去，本质上还是低买高卖。

"第三，做生意赚钱的关键有两点，'将本求利'和'总盈利要大于总成本'。对应到炒股，一是要有本金，并且要保护好本金；二是交易不可能每一单都赚钱，亏钱的单子是做炒股这门'生意'，需要付出的成本。因此，炒股要看总的结果，只要总的盈利大于总的亏损就是赚钱。

"第四，做到第三点需要专业能力。一个经营成功的超市老板需要具备三种专业能力。首先，心里知道超市这门生意该怎么干；其次，要根据具体店址进对货；最后，也是最重要的，日常的经营管理活动，例如促销，或者发展会员等专业的经营手法。"李总看了一眼悟空，发现悟空听得津津有味，继续讲，"炒股这门生意跟很多生意还不太一样，它是老板必须亲力亲为的生意。那些把钱交给基金经理炒股票的，叫作基民；把钱投给私募的，叫作LP。而股民，就是自己当老板，自己炒股票。

"对标亲力亲为的超市老板，股民也得具备三种专业能力，即技术分析、交易策略和交易手法。

"技术分析，就是能够读懂K线图，知道市场正在干什么。交易策略，就是从正在运动的市场中捕捉可能的赚钱机会。交易手法，则是如何通过买卖特定个股，把握可能的赚钱机会。"李总舒了一口气，接着说，"我自己刚做交易的时候，以为技术分析就是所有的专业知识和技能，下了苦功夫学技术分析，结果竟是赔钱。第二个阶段，以为特定的交易策略就是'圣杯'，找到了'圣杯'就肯定赚大钱，又白花了两年时间。直到最后才明白，交易手法，也就是交易技能才是关键。

"当然了，交易手法并不是凭空存在的，它需要技术分析和交易策略打基础。

"悟空，你现在做的实盘交易，技术分析就是找出孕线组合，并把子线作为信号K线。交易策略是突破子线最高价进场。而你使用的交易手法，理论上讲有三个要点。第一，多品种交易，分散风险；第二，小止损，子线的最低价是最近的技术止损点；第三是小幅盈利，采用了1∶1的小盈亏比。

"实际操作中，还利用了通达信的指标公式和选股公式、股票板块设置、价格预警设置、条件单等交易工具，组成了一套高效的交易流程。这些也都属于交易手法的内容。

"交易手法还有一个重点，就是每天开盘盯着的跳空开盘，及时处置交易策略的例外情况。"

悟空点了点头，说："俺懂了。俺上手练的孕线基础交易法，其实就是综合训练。"

李总呵呵一乐，说："你先琢磨一下。一会儿跟你讲炒股的三种专业能力。"

二、技术分析就是综合读图能力

李总弄了一会儿茶，然后接着开讲。

以下是李总上课的内容。

技术分析是英文 Technical Analysis 的直译。这个望文生义的直译术语，并没有明确且充分地表达出 Technical Analysis 真实的意义。这在一定程度上误导了很多股民。

在英文语境中，Technical Analysis 特指在股市、期货等交易市场中，利用市场的历史交易数据，主要是成交价格和成交量，来解释过去的价格运动，并预测未来的价格走势的方法。由于市场的历史交易数据通常以走势图的形式呈现，Technical Analysis 在本质上是读图分析。Technical Analysis 先是用归纳法把价格运动分为各种模式，再用演绎法按图索骥，预测未来的价格运动可能会按照何种特定的模式重复。其目的在于主观解释和预测价格走势。

因此，"走势图分析"可能是 Technical Analysis 更合适的中文术语。

在交易的古典时代，当时巨大的挑战竟是记录市场的交易数据。更不用提在整理好数据的基础上，制作成可读性佳的图表，这是当时专业性很强的工作。东方发明了 K 线图，西土则广泛采用各种类型的折线图，或是美国线。其中，K 线图能够更直观地呈现价格运动的特征，已经成为当今投资者最主流的走势图模式。

古典时代的华尔街，倾向于研究市场中长期的运动模式。

理论方面，道氏理论对市场价格运动的主要模式和重要的规律进行了有效的阐述，它是西土技术分析的奠基之作。波浪理论则试图用精确的数学关系，来描述、解释和预测市场的价格运动，它也是经典的技术分析理论。

实战方面，江恩、利弗莫尔和威科夫等人的贡献尤其大。他们在阐述市场整体运动规律的同时，更侧重于实战的交易策略和交易手法。

古典时代的技术分析限于当时的条件，主要采用在走势图上画各种线段的方法，因此也被称为几何分析法。

东方由于K线图的优势，发展出了基于K线的交易方法。

无论是古典时代的华尔街，还是古典时代的东方米市，趋势都是技术分析的核心。它们都认为趋势运动一般分为三段，有时候是四段，有时候是两段。

交易进入计算机时代后，超大规模交易数据的存储和计算不再是人们考虑的问题，因而指标分析法得到了快速发展。与K线图一样，指标也成为走势图的基本要素。

与此同时，机构凭借资金和人才优势，利用计算机技术发展出了量化分析。聪明的投资者则回归价格行为的本源，衍生出了各种纯粹基于价格行为学的技术分析方法，常见的有价格行为交易法和机构订单交易法。

李总滔滔不绝讲完了技术分析的来龙去脉。

悟空听得云里雾里，最后总算对技术分析有了大轮廓的认知，赶紧在小本上记笔记。

第一，李总学了很多很多技术分析的理论和方法，以前真的很刻苦。李总的意思是自己要向他学习。

第二，技术分析的"技术"基本上都是"看图说话"。李总现在化繁为简，主要使用价格行为学的方法。自己学练的都是价格行为交易法的内容和技巧。

悟空心道："老君还是书呆子一个，难怪走弯路。呵呵，俺老孙可不能学他这个。"

三、"历史会重复"是交易策略的奇点

李总说："悟空，看了几百张走势图，你是不是感觉有很多似曾相识，仿佛这里面有门道？"

悟空很懂事，知道自己不需要回答，就只"嗯"了一声，接着记笔记。

李总继续讲："技术分析派的基础是'历史会重复'。这句话的意思有两点：

"第一，什么是历史？历史就是走势图上的特定价格模式，以及不同价格模式的衔接方式。

"第二，重复是什么？重复就是特定的价格模式，以及不同价格模式的衔接方式，它们会在走势图上反复出现。过去如此，未来也应该如此。

"在走势图上，特定的价格模式主要以K线组合和几何形状呈现，其相互

衔接也有较强的规律性。如果投资者能够识别出当下的走势属于什么模式，该模式走到了什么阶段，或是即将开始走什么样的新模式，那么就能够预测未来可能出现的价格运动。这包括方向、空间大小以及花费的时间。在这样的逻辑下，投资者就能够按图索骥，在特定的价位买进，后续在特定的价位卖出，从而实现低买高卖的目的，赚取利润。

"因此，所有的交易策略都依赖于特定的价格模式，这是技术派炒股赚钱的原理。"讲到这里，李总突然问道，"悟空，你现在是不是觉得炒股很简单呀？"

悟空知道自己怎么回答都是错，就微笑着抬起头，真诚地看着李总，不言语。

李总见状，只能自问自答。

"炒股看着简单，说着简单，做着难！为什么呢？

"原因在于走势的多样性，以及多样性必然导致的不确定性。走势的多样性，既指特定的走势可以定义为不同的价格模式，也指在价格模式完成之前，走势存在多种可能性。以如图 9-1 所示的三角形整理为例，若我们将时间跨度拉长，往后多看一些 K 线，就可以将其归类为矩形整理。

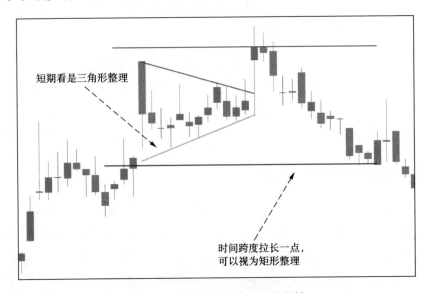

短期看是三角形整理

时间跨度拉长一点，
可以视为矩形整理

图9-1　走势的多样性和不确定性

"至于价格模式没有完成的情形，可以用单根日 K 线来举例。在收盘之前，也就是整个开市期间，正常情况下，没有人能够确定收盘之后的 K 线是什么样的。开盘时候低开，收盘后既可能形成低开阴线；也可能形成低开阳线；还可能是一根 K 线与前一根 K 线组成看涨吞噬线的大阳线；等等。

"在交易逻辑上，技术派是特定价格模式的重复，依靠的是确定性。但是，这种确定性是投资者的主观判读，并不是真实意义上的确定性。这就必然导致对于技术分析的灵魂拷问——技术分析真的有用吗？"

李总的答案是："有用！如果没有技术分析，交易就变成了感性的随机买卖，长期下来必然亏钱。"李总强调，"技术分析，以及基于技术分析的交易策略，为投资者构建了一整套价格运动的逻辑分析框架。这是理性交易的前提。在导入交易数学之后，特定的交易策略就存在数学上的必然性，从而把单次交易结果的随机性变成了多次交易后的确定性。"

李总这些话，再次把悟空搞得晕头转向，不得不举手提问："俺马上要练的东西，跟你说的这堆话，它们之间有关系吗？如果全是这样的，俺可练不了。"

李总意识到自己讲嗨了，赶紧把话兜回来，说道："这些都是纯理论，也是你培训方案的理论基础。确实跟你马上要练的东西没有什么直接的关系。我讲这些，是想要告诉你，交易要有信仰！只要是你自己反复练习的东西，自己用历史走势图反复训练过的方法，到了实战的时候，要真心相信它们大概率是对的。"

悟空心道："听李总说的，感觉确实有点对。他说俺现在练的，不会突然亏大钱，还真的就是这样。俺现在实盘训练，是真的不会去担心万一赔钱赔多了，把账户作废了。或许这就是他讲的'交易信仰'吧。等俺练到'擒牛捉妖术'的实战验证时，也要有信仰。"

四、炒股实战的关键是交易手法

"但是，"李总接着说，"交易信仰不能是傻信仰，而是既信，又不信。信，指的是要相信历史会重复。不信，则是要提防，当下做的这次交易可能会不重复。不重复的原因，既有可能是投资者自己学艺不精，看错了，判断也错了；也有可能是走势多样性的原因，后续走成了另一种价格模式。总之，就是错了！

"悟空，炒股不是能抬杠的地方，对错都由市场说了算。那该怎么办呢？

"解决方法就是交易手法。所谓交易手法最简单的就是'带着止损进场'。进场，就是信；带着止损，就是不信。这样就可以做到既信，又不信。

"当然了，交易手法的内容不光是止损这么简单。它独立于技术分析，是交易技能的核心，需要反复练，单独练。"李总强调，"云泥之别的交易结果，关键在于交易手法。实战中，同样一段行情，就算是技术分析对了，交易策略也一样，不同的投资者，做出的决策结果可能完全不一样。有的亏，有的赚；还有大亏的，当然也有大赚的。原因就是投资者的交易手法不一样。"

悟空听李总反复讲交易手法，也没有讲出个子丑寅卯，硬着头皮问李总："您讲了这样多，到底什么是交易手法呀？"

李总白了悟空一眼，说："这事儿吧，还真难以说清楚。你先练一段时间，练着练着就懂了。"

悟空心道："真当俺不懂呀。俺这一个月的实战，练的就是交易手法。不就是怎么买，怎么卖，买多少，卖多少，就是这些套路嘛。"

五、悟空说，炒股其实是这样一回事

动员课的时间明显有点长，李总讲得有些累了，悟空也听得累了。两人又休息了一会儿，李总接着讲，悟空也打算接着记笔记。

李总却没有自己讲，而是让悟空来做总结。

悟空想了一会儿，说："今天的动员课，您的目的就是让俺老孙对炒股有一个整体的认识。"

李总忙点头。

悟空接着发表自己的看法。

"炒股难不难，俺现在是真不知道了。因为您让俺练的东西，就是不赚钱、不亏钱、白忙活的招儿。从第三天开始就是一个熟练工，俺早就练会了。

"今天听您讲了这样多，好多东西我是真的没有听懂。但是呢，俺老孙认为炒股嘛，其实就是这样一回事。

"第一，市场是主体，俺老孙是客体，炒股就是主体与客体之间的互动。市场怎么走，俺老孙是真没有办法。但是，交易该怎么做，俺老孙自己说了算。买，还是卖，或是不买又不卖，俺要有章法。面对市场，俺要主动，不能被市场带着走。

"第二，市场看起来千变万化，其实是有规律的。您说的技术分析，就是讲价格运动的规律。听您的意思，很多高人已经把规律讲明白了，俺要做的就是学习和练习。俺估计后面学的练的，跟这一个月的内容大同小异。就像您前面说的，要在走势图上找 K 线形态，还要画几何图形。俺觉得这些都跟孕线和双色均线差不太多，不过可能会稍微复杂点儿。

"第三，学会了技术分析，就要学练交易策略。俺理解，交易策略存在好多好多种。每一种交易策略都跟您说的某一种价格模式有直接的关系。俺现在练的'孕线基础交易法'，价格模式就是孕线，交易策略就是子线突破买上涨。

"第四，俺买进，就是认为突破子线最高价要涨，这是主观判断，但市场不一定刚好就这样走。俺得遵守'一进两出'的规则，就要设置止损单和止盈单，还得开盘盯着处理跳空的例外情况。这就是您说的交易手法。

"俺估计，马上要弄的大学习大练习，就是让俺快速学会练会在走势图上识别各种价格模式，之后是掌握特定价格模式的交易策略。

"俺认为，这就跟孕线一样，可以给一个价格模式起一个名儿，叫作标准图。每个标准图再对应交易策略。交易策略再配套交易手法。俺打算先找两三个标准图，模式清晰的，还要上涨的百分比大，至少50% 起。然后编一个指标公式和一个选股公式，俺老孙就跟这几张标准图死磕了。"

李总听完，一脸愕然，说："石猴子还真成精了！比我讲得好！"

悟空呵呵一乐，说，"俺是先成了精，才从石头缝里蹦出来的。嘻嘻。"

说完，赶紧闪了。

六、技术派的宏观课

动员课结束后，按照培训方案就应该进入大学习大练习阶段。但是，李总却感觉似乎有些不妥当。

悟空走后，李总把培训方案又翻看了几次，静下心想了许久，终于意识到问题所在。

股市投资分为技术分析和价值投资两大门派。大中型投资机构主要采取价值投资，管理的资金体量大，投资周期也长。小型机构、游资、大户和散户，主要采用技术分析的方法做中短线交易。

价值投资派充分采用了宏观经济学和微观经济学的理论框架和重要结论，从而构建了一整套"价值投资"的理论体系。从全球宏观经济到产业类别，再到具体上市公司，甚至上市公司的创始人或CEO等，这些都是价值投资理论要考量的重要因素。

价值投资的核心概念是成长和周期，衍生出了一系列投资模型。这样的理论体系本身就是公众性的经济议题和话题。因此，价值投资深得基民和LP的认可，也是财经类资讯的主要内容。

李总感觉不妥的原因就在于此：貌似技术分析派的理论架构不如价值投资派。

价值投资派的理论基础有宏观经济学和微观经济学。而技术分析派的主要内容，看起来只能对应微观经济学，缺少对应宏观经济学的内容。

"但是不应该呀！'股市是经济的晴雨表'这句名言，真真切切出自技术分析派的道氏理论呀！"李总刚才突然顿悟了，自言自语道，"原来技术分析派也有宏观课，核心概念是周期和循环。得把这两个概念也告诉悟空。"

李总找来了悟空，继续开讲，悟空继续记笔记。

李总说："悟空，我还得跟你讲讲股市的'道'。"

悟空一听，乐坏了，就打趣道："李总，老君……您不是说过，您的道和术要赔钱的吗？炒股空谈理论要赔钱，这是您反复跟我强调的呀。"

李总把脸一板，严肃说："此道非彼道！你好好听着。

"股市有牛市和熊市之分。牛市，是由几个特定的价格模式组合而成，形成大幅向上的升势。熊市，也是由几个特定的价格模式构成，形成大幅向下的跌势。牛市与熊市的划分，这是周期。牛市与熊市的交替，就是循环。古典时代的华尔街，无论是江恩还是艾略特，他们都认为股市的周期和循环'不证自明'，并将其称为自然法则。

"这样讲，可能你也听不懂我想说啥，我就用不太恰当的方式展开吧。

"一年365天，约52周。

"一周7天，工作5天，休2天。

"全年法定7个节假日，元旦、春节、清明节、劳动节、端午节、中秋节和国庆节，休11天。实践中，一般利用周末调休形成3次小长假，分别是劳动节、国庆节和春节。从休假的视角，一年的假期通常分三种情况，即正常周末休2天；元旦、清明节、端午节和中秋节休3天；劳动节、国庆节和春节大于3天。这样的情形具备明显的周期和循环的特征。

"而由于法定节假日是公历和农历混用，每年的情形并不完全一致。如果把工作日类比为无交易价值的小型日间波动，周末就是有交易价值的小型趋势，休假3天是中型趋势，休假大于3天是大型趋势。这里的趋势分类是以价格运动的空间为标准。"李总强调，"不同大小趋势的间或出现，以及交替出现，就是周期和循环。"

悟空挺起胸膛，摇头晃脑说道："李总，还是俺来总结吧。

"俺看了这样多的走势图，也用双色均线统计了两百多张走势图的趋势数据。俺理解您的意思有这三点：

"第一，股市的价格运动有自身的推动力。古典时代的华尔街称为自然法则，您则称之为'道'。表现形式为周期和循环。您这样讲太抽象了。俺老孙认为，其实就是一句话，隔一段时间就会有行情。行情大小不确定，具体时间也不确定。但是，有行情是确定的。

"第二，没有行情的时间是多数，有行情的时间是少数，大行情是少数中的少数。大盘的大行情叫牛市。而个股的大行情叫强势股的强势阶段。

"第三，炒股是炒个股。您教了俺双色均线，俺早就会看'鱼头''鱼身'和'鱼尾'了。实战要在可操作的空间和时间里头做，俺理解这就是周期。一只股票的行情做完了，就换一只做，俺老孙认为这是循环。"

李总再次愕然，想了一下说："你这样说也对。你先这样理解，这样练吧。"

悟空心道："俺老孙当年打怪捉妖，哪有这样多的理论呀！练就了火眼金睛，举起金箍棒，照打就是。来一个打一个，来两个打一双。嗯……不对，来两个也得一个一个打，不能同时打。不过，这个股市'擒牛捉妖'要一个一个来。嘿嘿。"

第 ③ 部分

技术分析的基础练习

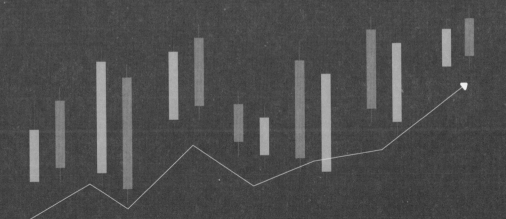

李总对悟空的大学习大练习非常上心。在学练 K 线之前，又给悟空做了一次课前课的额外辅导。

一、看K线首先要有整体观

李总说："悟空，现在的 K 线图都是在电脑屏幕上。这样的展示方式有一个弊端，投资者很难理解不同 K 线的实际大小，以及相应的空间位置。总之，就是不利于形成 K 线图的整体观。所谓整体观是指，不能只见树叶，不见树林，树林远比树叶重要。

"什么是 K 线图的整体观呢？在日线走势图上，一根 K 线就是一个交易日的 K 线。单看一根或是相邻的几根 K 线，大多数是没有方向的随机波动。但是，把更多的 K 线作为一个整体看，走势图就能够诉说市场的真相——当前正在构造特定的价格模式，或是趋势进行中。

"如果投资者能够对特定的一根 K 线或是一组 K 线的实际大小，有真实的感知，并能够看懂相应的空间位置，那他就能够读懂更多的市场信息。"

李总接着在会议室的大屏幕上给悟空做起了演示。他随手打开了一只个股的裸 K 线图，如图 10-1 所示。

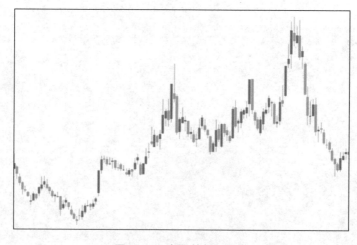

图10-1 个股的裸K线图

李总继续说："价格运动由一根一根K线连续地构成，体现为不同的空间位置和K线大小。

"悟空，我们看K线，除了观察单根K线的位置和大小，实际上，K线的位置比K线的形态重要；同样的位置、同样的形态，K线的大小更重要。位置对了，什么样的K线都是信号K线。位置错了，再完美的进场信号K线都是错的。总之，整体观最重要。

"看K线的第一步是，要看见'折线图'。"

李总顺手在图10-1的基础上画了一组折线，如图10-2所示。

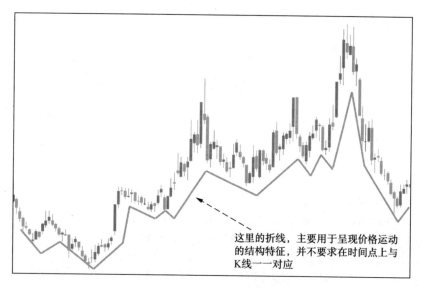

这里的折线，主要用于呈现价格运动的结构特征，并不要求在时间点上与K线一一对应

图10-2　价格运动的折线图

李总接着说："折线图直接呈现了价格运动的阶段性高点和低点，既表明了主要趋势，也表明了次级趋势。

"看K线的第二个要点是，确定空间位置及K线的大小。K线的大小不是指当天收盘后的涨跌百分比。一般情况下，K线的大小是指单根K线最高价与最低价的绝对差值，简单来说，可以直接用行情软件提供的K线振幅作为标准。这样看K线属于定性的方法，实际使用时知道个大概就可以，不需要追求绝对的量化。"

李总又在走势图的正中间画了一根横线，大致等同于技术分析中常用的50%位，也可以称为中位线，如图10-3所示。接着李总又在图上调用了一个指标公式。

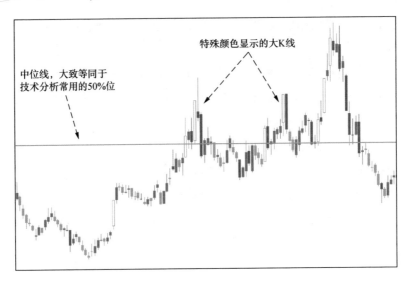

特殊颜色显示的大K线

中位线，大致等同于
技术分析常用的50%位

图10-3 "大K线+缺口"指标公式和中位线

李总在图 10-3 使用的指标公式，把大 K 线和跳空 K 线用特殊颜色呈现了出来。指标公式的名称为"大 K 线 + 缺口"，公式源代码如下。

```
UPQK:=LOW>(REF(HIGH,1)+0.001);
DYX:=C>REF(C,1) AND (C-O)/O>0.05;
CON:=UPQK OR DYX;
STICKLINE(CON AND C>O,C,O,-1,1),RGBXCC9933;
STICKLINE(CON AND C<O,C,O,-1,0),COLORFF8000;
STICKLINE(CON,H,MAX(C,O),0,0),RGBXCC9933;
STICKLINE(CON,MIN(C,O),L,0,0),RGBXCC9933;
DNQK:=HIGH<(REF(LOW,1)-0.001);
DYINX:=(O-C)/C>0.05 AND C<REF(C,1);
YXYS:=DYINX OR DNQK;
STICKLINE(YXYS,C,O,-1,0),COLORFF8000;
STICKLINE(YXYS,H,MAX(C,O),0,0),COLORFF8000;
STICKLINE(YXYS,MIN(C,O),L,0,0),COLORFF8000;
```

李总摆弄好了图 10-3，接着说："从图 10-3 至少能够看出，在中位线下方，特殊显示的 K 线数量较少。在中位线上方，特殊显示的 K 线数量较多。换句话说，价格在高位波动大，在低位波动小。实战中，即使没有画出中位线做参考，投资者也能够根据近期 K 线的振幅，大致判断空间的相对位置。"

李总又把屏幕的显示改了一下，在系统设置中，将图 10-3 中正常显示的阳线和阴线都改为背景色，如图 10-4 所示。

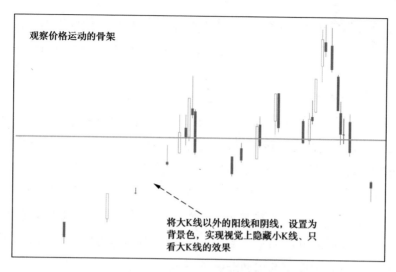

观察价格运动的骨架

将大K线以外的阳线和阴线，设置为背景色，实现视觉上隐藏小K线、只看大K线的效果

图10-4　价格运动的关键K线

李总说："在图10-4中，只显示了大K线和与跳空有关的K线，这两种K线是趋势运动的关键K线。观察这样处理后的走势图，我们很容易意识到，了解趋势运动往往只需要看很少数量的K线。进而我们可以得出结论，关键K线是价格运动的骨架。"

李总又把显示界面改了一下，首先是在系统设置中，把先前被隐藏的阳线和阴线改回了正常状态，同时又利用指标公式将特殊颜色的大K线改为背景色，如图10-5所示。

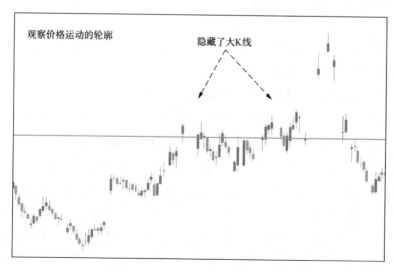

观察价格运动的轮廓

隐藏了大K线

图10-5　价格运动的非关键K线

李总说："图 10-5 与图 10-4 正好相反，只显示了非关键 K 线。相对于关键 K 线，非关键 K 线的数量明显多了很多，同时也能呈现价格运动的整体轮廓。"

针对图 10-4 和图 10-5，李总强调："在江恩理论中，有一个重要概念——空间等于时间。"他继续讲解，"实战中应该怎么理解，如何应用呢？

"最简单的方法就是关键 K 线，关注空间；非关键 K 线，关注时间。

"当关键 K 线出现时，实战中要注意空间位置的变化。一根或是几根 K 线可能涨很多，也可能跌很多。当关键 K 线的运动停滞后，通常出现更多数量的非关键 K 线，这个时候就要看时间，也就是数 K 线的根数。K 线的根数大致够了，就等同于先前大幅度的空间运动与随后的时间运动达到了平衡，价格也就做好了再次进行大幅度空间运动的准备。"李总最后总结，"悟空，整体观是投资者最宝贵的读图经验。刚才的展示和示范，仅仅是帮助你建立起整体观的感性认识和基础概念。"

讲解完毕，李总又反复叮嘱悟空："整体观的养成，很难用单独的训练科目来完成。需要你在大学习大练习的过程中，随时随地牢记有个'整体观'的重要概念。"

悟空心想："嘿嘿！太上老儿总算开始教真东西了。今天收获大，这可比动员课、宏观课的内容强太多了。俺得好好琢磨琢磨。"

二、K线训练基础教程的笔记

李总拿出了准备好的资料，说："悟空，今天开始学 K 线，你先看几遍。"

悟空赶紧看资料，并在小本上做了如下笔记。

（一）K 线记录了特定时间内多空博弈的过程和结果

K 线有开盘价、最高价、收盘价、最低价，这四个确定的价格数值，如图 10-6 所示。直观来看，这四个价格数值把单根 K 线的价格空间，分为了上影线、实体和下影线三个部分。以开盘价和收盘价的相对关系为标准，K 线又分为阳线和阴线。收盘价大于开盘价称为阳线，收盘价低于开盘价称为阴线。

单根 K 线可以视为多空双方的一局博弈。以前一根 K 线的收盘价为基准，双方首先争夺的是开盘价。

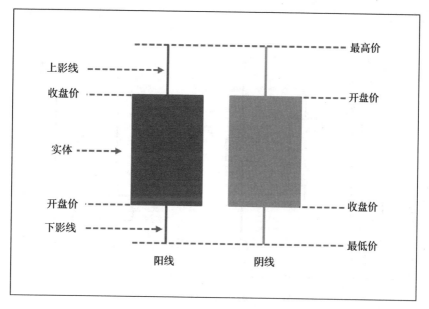

图10-6　K线分阴阳

开盘价分为高开、低开和平开。一般情况下，距离前一根 K 线的收盘价，出现了相对较大幅度的跳空，可以视为技术上的高开或是低开；若距离前一根 K 线的收盘价不远，实战中可以视为平开。

大幅跳空后是否回补缺口非常关键。此时多空双方通常会剧烈博弈，对应的成交量急速放大。以日 K 线为例，通常在开盘后的半个小时到 1 个小时之内，缺口是否被回补，会有相对明确的结果。

K 线的最高价和最低价代表了多空双方的极限力量，上影线和下影线的长度分别对此做了直观的记录。上影线是多方进攻的极限，而下影线是空方进攻的极限。

收盘价的争夺决定了该根 K 线是阳线还是阴线。更重要的是，收盘价决定了 K 线实体的相对大小，展示了多空双方博弈的结果。

在不分阴线、阳线的情况下，根据四个价格的相互关系，常见的单根 K 线有如图 10-7 所示的几种情形。

（二）如何对 K 线进行定性和分类

仅看单根 K 线本身，图10-7中的①③⑤⑥属于大 K 线，②④属于小 K 线。注意，这里的 K 线大小，由最高价和最低价之间的振幅决定，而图 10-3 指标公式使用的算法逻辑相对复杂一点。

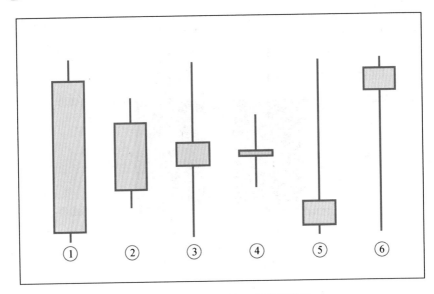

图10-7　单根K线的几种常见情形

此外，①⑤⑥三根K线是趋势型K线，多空优势一目了然，通常表明了价格运动的方向。

③④的开盘价和收盘价相差无几，代表了多空双方的力量平衡。结合影线的长度，③是多空双方剧烈博弈后的平衡，④是多空双方小型博弈的平衡。

一般情况下，③属于暂时平衡，随后多空会再次剧烈博弈，并分出胜负，因此③也被称为变盘线。④在很多情况下，尤其是出现多根小K线时，往往意味着优势方迫使劣势方放弃抵抗，市场对于当前的价格达成了共识。实战中，特定位置的④，可以视为价格运动的拐点。

必须注意的是，绝大多数情况下，分析单根K线的意义并不大，只有特定位置的K线才有技术分析的价值。

进行识别K线的练习，需要以整体观为前提。例如，将图10-2的折线图与图10-3的中位线和大K线指示综合起来，如图10-8所示。在训练过程中，可以参考以下流程：

（1）在日K线图上，画出价格运动的折线图。

（2）加上中位线和指标公式做辅助。

（3）按照图10-7的分类，综合识别不同位置的K线。

（三）重要的反转信号K线

在价格行为交易法中，交易之前需要依据信号K线。无论交易行为是买还是卖，特定的交易行为总是发生在某一根特定的 K 线上。一般会采用反转信号 K 线作为提示信号。

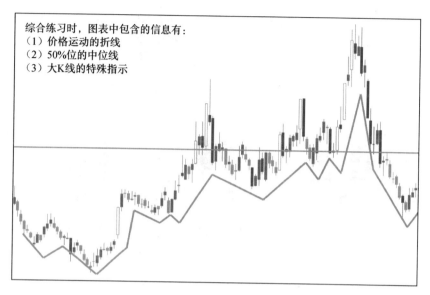

图10-8　K线识别的综合练习

反转信号 K 线出现后，走势图上的价格运动方向可能发生改变，也可能是运动变化的最初信号，它的出现快于各种指标信号。这是裸 K 线交易法最重视的价格行为之一。

在走势图上，几乎所有的价格反转都会有反转信号 K 线的出现。但是，出现反转信号 K 线，并不意味着市场一定会反转。

常见的看涨反转 K 线有五种，如图 10-9 所示。

对应地，看跌反转 K 线也有五种，如图 10-10 所示。

在反转信号 K 线中，有一类特殊的大 K 线被称为 Pinbar，如图 10-11 所示。Pinbar 是裸 K 线交易法中最核心的概念之一。英文中，Pin 意为图钉，Bar 指单根 K 线，Pinbar 就是图钉形状的单根 K 线。

它包括锤子线、倒锤子线、上吊线、墓碑线、T 字线、倒 T 字线……无论是上影线还是下影线，只要单一方向上的影线很长，实体很小，这种 K 线都可以归类为 Pinbar。

需要注意的是，有意义的 Pinbar 应该与特定的阻力线和支撑线有关。或是与其他类型的辅助线有关，例如均线、趋势线和通道线等。

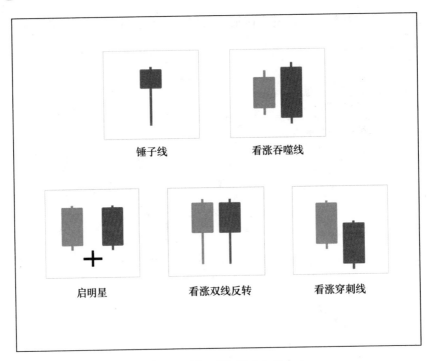

锤子线　　　　　看涨吞噬线

启明星　　　看涨双线反转　　　看涨穿刺线

图10-9　看涨反转K线（空转多）

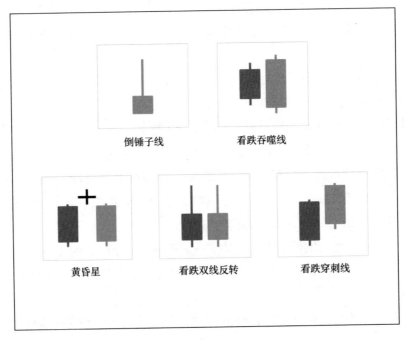

倒锤子线　　　　看跌吞噬线

黄昏星　　　看跌双线反转　　　看跌穿刺线

图10-10　看跌反转K线（多转空）

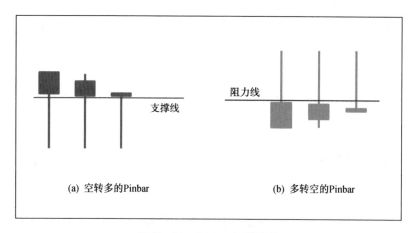

图10-11　Pinbar与辅助线

（四）重要的突破K线与趋势持续K线

重要的突破K线，首先要求是大阳线，其次还要突破了特定的阻力位。一般情况下，突破K线的开盘价、最高价、收盘价、最低价，这四个数值在随后的价格运动中，可能会提供重要的支撑或阻力的作用。

以上涨趋势为例，趋势持续K线包含了一组K线，其特征是随后的K线形成了更高的高点和更高的低点。也就是说，后一根K线的最高价高于前一根K线的最高价，且第二根K线的最低价也要高于前一根K线的最低价。参见图10-12中左下角位置①对应的4根K线。

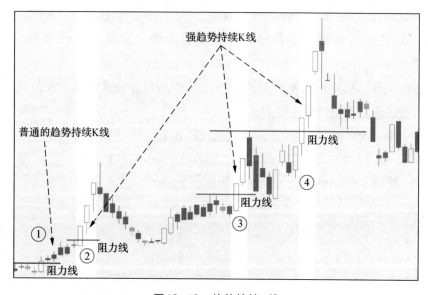

图10-12　趋势持续K线

还是以上涨趋势为例，强趋势持续 K 线还需要满足的条件是，后一根 K 线的开盘价高于前一根 K 线的收盘价，如图 10-12 中的②③④。

强趋势持续 K 线的实体部分几乎不会有重叠。通常情况下，强趋势持续 K 线是价格运动的高潮，持续时间不会太久。比较常见的情形是持续 2 ～ 7 根 K 线。

三、李总的讲解和示范

悟空检查了几遍自己做的 K 线笔记，又找到李总。

李总说："悟空，技术分析的知识点确实很繁杂，培训教程中有一些陌生的术语很正常。你多练练自然就懂了。"

李总说完就示意悟空走人。

由于第一阶段的训练核心是孕线，悟空早已经熟练掌握了 K 线的训练方法，李总其实真没有什么好讲的。

但是，悟空知道，训练方法的关键是，要有特定 K 线的指标公式。悟空赶紧找李总要公式。

李总说："悟空，炒股软件有五彩 K 线指示功能，你自己先看看。"

不到一个时辰，悟空又回来了，直接跟李总说，还是想要跟孕线类似的指标公式。

李总拿悟空没辙，就给了悟空几个公式，同时嘱咐悟空："要把五彩 K 线指示的各种 K 线形态的说明，仔细多看几遍，常见的 K 线形态自然就会了。"

悟空从李总那里一共要到了三个特定 K 线的指标公式，与孕线公式一样，也附有进场价、止损价和止盈价。

第一个名为"锤子线主图"，公式源代码如下。

```
CZX:=(MIN(OPEN,CLOSE)-LOW>=2*ABS(CLOSE-OPEN)) AND
     (HIGH-MAX(OPEN,CLOSE)<=(MIN(OPEN,CLOSE)-LOW)*0.25) AND
     (H-L)/REF(C,1)>0.02;
L1:=H+0.02;{进场价}
L2:=L-0.02;{止损价}
L3:=2*L1-L2;{止盈价}
DRAWSL(CZX, L1, 0,1,0),COLORFF0000,LINETHICK2;
DRAWSL(CZX, L2, 0,1,0),COLOR4080FF,LINETHICK2;
```

```
DRAWSL(CZX, L3, 0,1,0),COLORRED,LINETHICK2;
YAX:=CZX AND C>O;
STICKLINE(YAX,C,O,-1,1),RGBXCC9933;
STICKLINE(YAX,H,MAX(O,C),0,0),RGBXCC9933;
STICKLINE(YAX,MIN(O,C),L,0,0),RGBXCC9933;
YIX:=CZX AND C<=O;
STICKLINE(YIX,C,O,-1,0),COLORFF0000;
STICKLINE(YIX,H,MAX(O,C),0,0),COLORFF0000;
STICKLINE(YIX,MIN(O,C),L,0,0),COLORFF0000;
```

"锤子线主图"指标公式的显示效果，如图10-13所示。

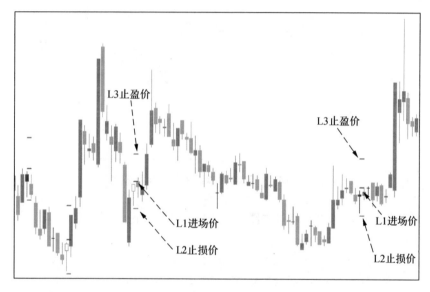

图10-13 "锤子线主图"指标公式

第二个公式名为"看涨吞噬线主图"，公式源代码如下。

```
TSX:=C>O AND H>REF(H,1) AND L<REF(L,1);
L1:=H+0.02;{进场价}
L2:=L-0.02;{止损价}
L3:=2*L1-L2;{止盈价}
DRAWSL(TSX, L1, 0,1,0),COLORFF0000,LINETHICK2;
DRAWSL(TSX, L2, 0,1,0),COLOR4080FF,LINETHICK2;
DRAWSL(TSX, L3, 0,1,0),COLORRED,LINETHICK2;
YAX:=BACKSET(TSX,2);
STICKLINE(YAX AND C>O,C,O,-1,1),RGBXCC9933;
```

```
STICKLINE(YAX AND C<=O,C,O,-1,0),RGBXCC9933;
STICKLINE(YAX,H,MAX(O,C),0,0),RGBXCC9933;
STICKLINE(YAX,MIN(O,C),L,0,0),RGBXCC9933;
```

"看涨吞噬线主图"指标公式的显示效果，如图 10-14 所示。

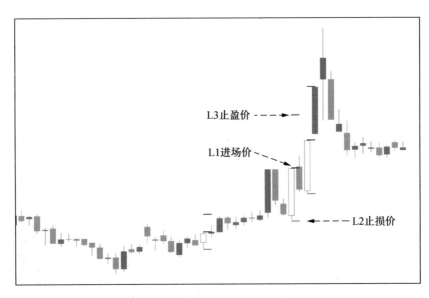

图10-14　"看涨吞噬线主图"指标公式

第三个公式名为"启明星主图"，公式源代码如下。

```
QMX:=REF(CLOSE,2)/REF(OPEN,2)<0.97 AND
    REF(OPEN,1)<REF(CLOSE,2) AND
    ABS(REF(OPEN,1)-REF(CLOSE,1))/REF(OPEN,1)<0.01 AND
    CLOSE/OPEN>1.03 AND CLOSE>REF(CLOSE,2);
L1:=H+0.02;{进场价}
L2:=L-0.02;{止损价}
L3:=2*L1-L2;{止盈价}
DRAWSL(QMX, L1, 0,1,0),COLORFF0000,LINETHICK2;
DRAWSL(QMX, L2, 0,1,0),COLOR4080FF,LINETHICK2;
DRAWSL(QMX, L3, 0,1,0),COLORRED,LINETHICK2;
YIX:=BACKSET(QMX,3);
STICKLINE(YIX AND C>O,C,O,-1,1),COLORFF0000;
STICKLINE(YIX AND C<=O,C,O,-1,0),COLORFF0000;
STICKLINE(YIX,H,MAX(O,C),0,0),COLORFF0000;
STICKLINE(YIX,MIN(O,C),L,0,0),COLORFF0000;
```

"启明星主图"指标公式的显示效果，如图 10-15 所示。

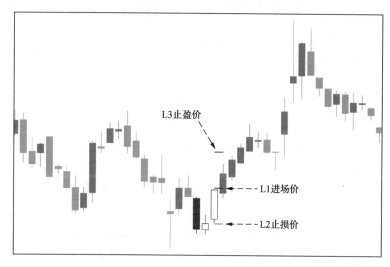

图10-15　"启明星主图"指标公式

四、悟空交的第三份作业

一周后，悟空带着自己做的 Excel 统计表和 PPT 文件，找李总交作业。

悟空对李总说："俺觉着这周的练习，收获还算凑合吧，您听我细说：

"第一，俺除了用三个新的特征 K 线指标公式，按照先前的孕线方法，进行特征 K 线识别训练，有空就把五彩 K 线公式的说明也调出来看了。常见的特征 K 线，俺老孙大致都会认了。

"第二，单独看特征 K 线，并按照指标公式标注的进场价、止损价，还有 1∶1 盈亏比的止盈价，进行模拟操作的统计，结果跟孕线基础交易法还是差不太多。俺老孙认为实战中不能只看 K 线。

"第三，李总，俺觉得'大 K 线 + 缺口'指标公式靠谱，能够一眼看见整体。"

五、李总点评悟空的K线练习

李总对悟空的勤奋非常满意，反复夸了悟空好几次。但是，李总对于悟空的结论并没有发表意见，原因在于他当年也是这样走过来的，从最初"K 线是万能的"，再到"K 线无用论"，在学习技术分析的过程中，多数股民都会有这样的体会，这也是学技术分析最常遇见的坑儿。

李总在会议室的大屏幕中打开一张图片，如图 10-16 所示，跟悟空说："K线技术源于蜡烛图，相传为本间宗久所创。当今世人多知蜡烛图，却不知道本间宗久还有 8 张价格走势图和 1 张时间循环图。据我所知，本间宗久自己做交易，是把 9 张图和蜡烛图一起用的。这张图就是本间宗久 8 张走势图中的第 2 张图。"

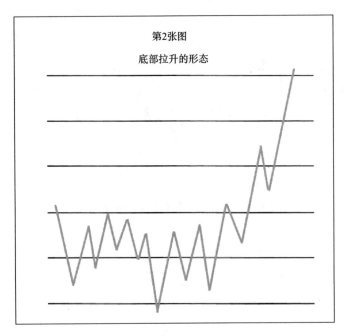

图10-16　本间宗久8张走势图中第2张图

李总接着讲："K线图是走势图上最小的单元。即使将几十根 K 线放在一起，仍旧只能表现价格运动的局部，单根 K 线必然是局部中的局部。尽管有一叶知秋的道理，但是也得在随后的时间内出现更多的验证标志，才能得出秋天真到了的结论。

"这就是 K 线技术的悖论。每天都会有一根新的 K 线，投资者都能按照 K 线技术进行解读。但是，绝大多数 K 线并不是阶段性的高点或低点，它们多是短期内价格随机波动的结果。即使是阶段性高低点的反转信号 K 线，通常也需要经过一定的时间之后，才能得到确认。"

悟空有点糊涂了，就问："那您为什么让俺花这样多的时间做 K 线训练？"

李总答道："目的有三：

"第一，熟。技术派做交易，用的就是 K 线图。K 线图上就是一根一根 K 线，只能从 K 线开始。看得足够多了，自然就能熟悉。

"第二，小K线一天波动1～2个点，大K线一天能波动10多个点。你想练的短线交易技术，需要K线技术打基础。

"第三，炒股赚钱的核心，在于跟对趋势的方向。趋势的方向我已经跟你讲过了，就是看大K线构成的骨架。

"总之，炒股的起点是K线，落脚点也是K线，终点还是K线。

"悟空，你先记住一点，一根大阳线能够支撑很长时间的多头行情，这叫'初阳可追'。"

悟空看李总又要正式开讲了，就乖乖开始做笔记。

（一）什么是初阳可追

李总将大屏幕上的图换了一张，如图10-17所示，对悟空说："悟空，初阳可追，首先就是图中左下角的向上三角形对应的大阳线。在随后很长的一段时间内，做多就是跟对了趋势的方向。

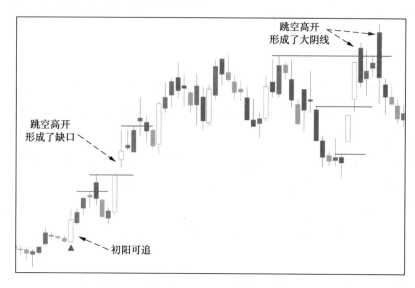

图10-17 上涨趋势中的关键阳线

"整体来看，在这张图的左侧，阳线的力量强于阴线，多头占据明显优势。随着时间的推移，在这张图的右侧，阴线的力量逐渐强于阳线，空头逐渐获得主动权。

（二）跳空高开要看前一根K线和阻力位

李总继续讲："悟空，在K线训练基础教程中，我曾提到过高开、低开和平开的概念，这里还要再讲解一下。

"跳空高开后能否成为趋势持续K线，是我们观察的目的。观察时有两个关键点，首先是前一根K线；其次是在走势图上找对应的大K线，阴阳均可。

"具体来说，开盘价与前一根K线的最高价之间要有足够的空间，例如出现了明显的跳空缺口。缺口出现后，当天是否回补，就要以最近的阻力位做参考，如图10-17左侧的跳空缺口。而图10-17右上角的两次大幅度高开，却都形成高开大阴线，趋势逆转的可能性就很大了。

"通常情况下，大幅高开可以视为短线的进场点。高开收大阳，第二天继续高开的可能性比较大，超短线操作就可以尾盘进场。"

（三）看涨吞噬线

李总又讲了一下关于如何变通地分析看涨吞噬线。

在实战中，看涨吞噬线可以不管最低价，只要阳线的最高价大于前一根K线的最高价，收盘价大于前一根K线的开盘价就可以视为看涨吞噬线。

（四）反转信号K线的技术意义

随后，李总开始讲反转信号K线。

在技术上，反转信号K线意味着价格运动可能出现了阶段性的拐点。

看涨反转K线，不能只看K线形态，要先看前面是不是有一段明显的下跌，这才是实战的要点。涨得好好的，不存在看涨反转K线，只可能存在看跌反转K线。

什么是涨得好好的？例如，最近一根突破大阳线的最低点没有被跌破，或是双色均线没有改变颜色。

拐点需要随后走势的验证。既然是看涨反转K线，随后就应该涨，绝对不能跌。不要说继续创新低，就是不能强势创新高，都不是真正意义上的反转K线。

李总又嘱咐："悟空，你学练的要点是这个呀。你既要看前面又要看后面，找到规律，才能算会看K线了。"

悟空心想："俺老孙还真是没有找到窍门呀。"

（五）突破K线和趋势持续K线怎么看

李总说："刚才讲跳空高开，其实已经把这两种K线都讲了。悟空，你来讲讲吧。"

悟空说："这个俺老孙懂的。看K线都有前因和后果。

"先有突破K线，后有趋势持续K线。出现了突破K线，后面不一定就是趋势持续K线。俺看图也发现了，多数情况下，如果突破K线出现后回调，再接着继续出现趋势持续K线的概率并不是很大。

"突破K线先要找阻力位，涨过去了才叫突破，要以收盘价为准。

"有阻力位就有支撑位，突破K线的前面要有低点，并且低点获得了支撑。俺老孙看图时发现了，支撑要么是跌不动，要么是碰一下就回来了。这就跟俺老孙取经路上，用金箍棒给师傅周围画个圈儿一样，表面看不见，实际作用大。"

李总点了点头说："K线是炒股的基本功。你就好好学，好好练吧。"

六、悟空，你弄一套实战新方案

李总话头一转，说："悟空，孕线基础交易法的实战训练，你也练很久了。你先说说你的想法，然后我们弄一套新的实战操作训练方案。"

悟空一下就来劲了，激动地说："李总，我早就想跟您说这事了。俺老孙不能总白忙活呀！"

李总说："白忙活？！悟空，你到现在还这样认为吗？"

悟空赶紧说："嘿嘿，当然不是白忙活。俺老孙现在每天都按照交易流程走，敢买敢卖！但是，炒股总归要赚钱的嘛。"

李总说："悟空，你这个想法不对！炒股首先是要做好不赔钱，然后才是可能赚钱，最后才是稳定赚钱。三个阶段，没有捷径。"

（一）大阳线突破后回踩交易策略

李总知道悟空的小心思，就是想多学多练，于是说道："悟空，技术分析你现在会看K线，会用双色均线，还大概知道了阻力和支撑。你就用这三种技术，琢磨琢磨，自己弄一套实战方案。"

悟空有点宕机，想了一下，说："李总，您得先辅导一下。"

李总说："首先，你得跟学习孕线基础交易法一样，找一个特定的价格行为。"

悟空秒懂，说："俺老孙明白了。俺看了这样多的图，发现大阳线突破后，通常会有一个回拉的动作。但是，这个回拉动作跟孕线不一样，有时候会走好多根K线，不知道算不算特定的价格行为。"

李总说："你说的这个回拉，一般叫突破后回踩，很多高手都做这个价格行为。技术原理是这张图。"

李总将大屏幕上的图切换为图10-18，继续讲："悟空，实战中，因一段上涨出现了一根大阳线，之后，可能继续大涨，也可能小涨，还可能开始下跌。

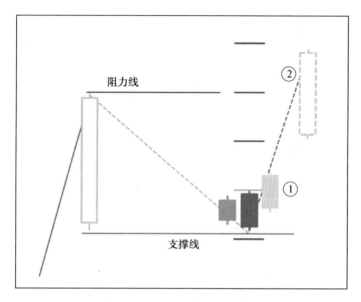

图10-18 大阳线突破后回踩交易策略的技术原理示意图

"所谓'大阳线突破后回踩'，就是投资者主观认为突破后会先下跌，再上涨。

"图中，实线是走势图上已经走完的 K 线，虚线是投资者主观认为后面会出现的价格走势，即下跌获得支撑后继续涨。

"悟空，你现在只会三种技术，就用大阳线的最高价作为阻力，最低价作为支撑。你在支撑附近找看涨反转 K 线，就跟孕线基础交易法一样，突破信号K 线的最高价就进场，参见图中的①；盈亏比可以设置为 3：1；图中的②就是随后可能出现的创新高的大阳线。"

李总看悟空听得津津有味，又切换到图10-19，说："实战的情况呢，大致是这种走势图。这个图中，向上三角形对应的阳线，就是修正后的看涨吞噬线。"

（二）李总，你教的新方法看起来挺好

李总讲完后，问道："悟空，你觉得怎么样？"

悟空说："李总，您这是给我布置了一个大作业呀！您讲了大阳线突破后回踩交易策略，又给了一张符合这个策略的走势图。听起来，看起来都挺好的，但是……"悟空挠了挠头，继续说，"俺老孙还有几个实际的问题：

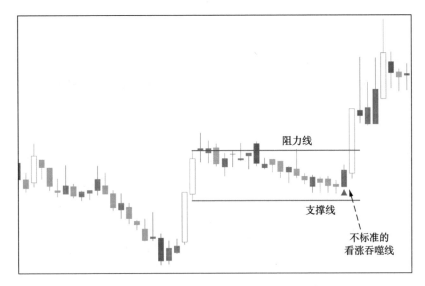

图10-19 大阳线突破后回踩交易策略的案例

"第一，俺得想办法从几千只股票中，把可能走这样走势的股票找出来。找的方法是用大阳线做标准，用公式选股。这个不算难。

"第二，难点是，俺怎么管理选出来的个股。最直接的，就是怎么知道哪只个股回调到了支撑线附近，这就不好弄了。这个没有办法用公式做。

"第三，俺老孙早就发现，设置止损价是个技术活。这段时间弄孕线基础交易法，以子线下破两分钱做止损价。俺总觉得两分钱的止损有点太小了。李总，您提的新方法，要怎么弄止损，俺得仔细琢磨琢磨。

"第四，您画的图10-18，这个示意图有点不科学。大阳线就算是涨停板，10%的波动空间。按照示意图的比例关系，看涨吞噬线的阳线振幅是3%左右。这样振幅的阳线力度不能算强。如果看涨吞噬线的振幅大于5%，把阻力线作为止盈价，盈亏比就只能1：1左右。看涨吞噬线不强，可能要止损；看涨吞噬线强，盈亏比没有优势。所以，俺老孙觉得，这个方案跟现在练的孕线基础交易法比较，强不了太多。"

李总听了深以为然，说："这个方案吧，据我所知，确实是很多高手用的方法。我建议你好好琢磨琢磨。你回去打算怎么弄？"

悟空说："怎么弄？历史验证呗。我回去先找100张出现了大阳线的图，慢

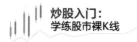

慢研究。"

李总说："你真是一只具有科学思维的猴子呀！孕线基础交易法真没有白练。"

悟空没有答话，若有所思地走了。

（三）俺还是接着学和练吧

两天后，悟空找到李总，说："我看了不到两百张图，结论是俺老孙现在弄不了。"

李总问："说说，为什么呀？"

悟空说："交易流程，俺参照孕线基础交易法，已大致解决。

"第一步，俺用通达信自带的选股公式，选出几天前出现大阳线的个股，放进一个自建的'初选股票池'板块内。放进板块后，在每只个股大阳线的最低价附近设置价格预警。

"第二步，俺每天把出现了价格预警的个股，放进自建的'观察股票池'板块内。

"第三步，俺每天收盘后，把'观察股票池'板块的个股，用看涨吞噬线指标看一遍。出现看涨吞噬线的个股，就放进'可交易股票池'板块。

"做到第三步，就等同于孕线基础交易法，每天开盘前挑出了20只股票，后续流程跟孕线基础交易法一样做就是了。

"但是，真做实战，还是不行。主要原因是俺老孙觉得，用K线图上最后一根大阳线的最低价做进场位置的参考标准不太好。

"走得强的股票，不会回调这样深；调到这样深的，要么破了再拉回来，要么去前一根大阳线找支撑。

"这样止损就不好弄了。止损空间设置小了，很容易被止损，而且往往是股价跌破止损价就会拉回来，白止损了。把止损空间放大了也没有用，如果大阳线的最低点不是支撑线，股价往往继续下跌一大段，还是会被止损。

"俺又继续琢磨了一下。俺表面上是止损设置的问题，本质上是大阳线低点是不是有效支撑线的问题。目前俺会的三种技术，回答不了这个问题，所以弄不好这个方案。"

李总真心觉得悟空了不起，能够淡然地对自己几斤几两下结论，就问："悟空，那你觉得该如何解决你目前的难题呢？"

悟空说："李总，俺老孙现在懂您说的'位置'是什么意思了。俺现在的问题就是找不好位置，所以左右都不对。"

李总竖起大拇指说："悟空，你说得太对了。把'位置'等同于进场点和离场点，其实就是炒股实战的所有内容。我再把图 10-18 给你讲讲。悟空，你先记住了。

"价格行为交易法只有两个标准的进场位置，分别是图 10-18 中①对应的K 线和②对应的突破大阳线。①是低买高卖策略的低买位置；②是买高卖更高的追涨位置。

"在讲'位置'的时候，其实还有一个隐含的前提，就是趋势方向是向上。没有这个前提，所有的操作都是错的。但是，即使是向上的趋势，还需要弄清楚趋势的阶段。也就是说，只有明确上涨趋势的阶段后，才谈得上考虑位置的问题。"

悟空插话道："李总，这也太难了吧。俺老孙做了这样多的动态读图练习，感觉您说的'位置'真的太难了。"

李总说："当然难了。但是，这是所有技术分析理论和实战技巧都试图解决的问题。换句话说，后面大学习大练习的内容，你都要带着'趋势方向''趋势阶段'和'位置'这三个问题，才能学好练好。"李总最后强调，"大学习大练习的终极目的有两个。第一，找到上涨趋势的向上持续段，跟着趋势奔跑。第二，找到图 10-18 中的两个关键位置。"

悟空心想："炒股这活儿还真是看着简单，其实挺复杂的，难怪蓬莱三仙都要吃大亏。俺还是接着学和练吧。"

经过一个多月的高强度读图训练和实盘操作，悟空走完了普通股民好几年的路。李总认为，可以开始新的训练了。

一、从K线到价格模式

李总把悟空叫来，就随后要展开的训练内容进行了简单的辅导。李总认为，让悟空带着问题学和练，效果应该会更好。

李总说："总结一下。悟空，你前一段时间的训练，是将技术分析、交易策略和交易手法综合在一起练。

"前几天让你弄一套实战的新方案，你琢磨后的结论是弄不了。弄不了的直接原因是，你认为进场位置不好把握。K线技术、双色均线技术，以及阻力和支撑的概念，这是你目前掌握的三种技术分析知识，它们难以有效解决进场位置的问题。

"新方案的交易策略我给你了，交易手法你参考孕线也大致能够解决。你的问题是技术分析知识的欠缺。

"悟空，我们换位思考一下。华尔街古典时代的理论派，他们没有K线图，也很难使用需要大量计算的指标；他们主要使用的走势图是收盘价的折线图，要精细的话，会使用美国线的走势图。基于当时市场技术分析的现实条件，他们该怎么办？会如何办？"

李总在会议室的大屏幕上打开了图11-1，继续说："华尔街古典时代的理论派，他们的解决思路就是平面几何学。平面几何学的主要内容是几何形状和比例关系，主要的工具有下面两个：

"第一，在坐标纸上记录行情，并用铅笔和直尺画线构建各种类型的几何形状。

"第二，比例关系主要采用斐波那契数列和百分比数列。

"使用平面几何学在图表上做分析，画出来的结果类似于图11-1。这张图是美国线的周线图。在二维坐标上，横轴是均匀变化的时间，纵轴是时间对应的价格。"

李总略微停顿了一下，接着讲："华尔街古典时代的实战派也面临同样的问题。但是，他们多数是职业投资者，能够相对及时地获得列表形式的行情数据，有些人甚至可以直接在场内交易。在这样的现实场景下，实战派发展出了两种技术分析的方法。

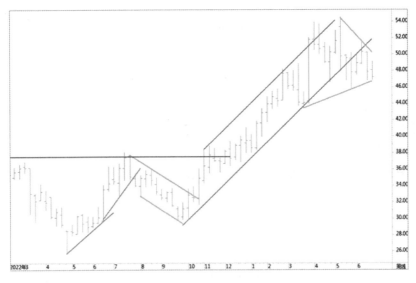

图11-1　技术分析与平面几何学

"一种是报价单分析法。该方法是在盘中对即时行情数据，进行超短线、短线的解读和分析，并做交易决策。这种方法需要投资者在大脑中'画图'，形成主观性更强的市场感觉，以及经验性的行情判断，可以认为是人们常说的'盘感'。

"悟空，你可以用一个简单的方法训练自己的'盘感'。在每天收盘后，花几分钟的时间，用 Excel 软件逐日记录市场的 6 个数据，即上涨总家数、下跌总家数、涨停总家数、涨幅大于 5% 的总家数、跌停总家数、跌幅大于 5% 的总家数。

"这个训练的要点是要单纯，每天只记录 6 个数据，不对数据进行任何分析。如果用笔在一个小本上手动记录，效果会更好。"

悟空心想："这 6 个数原来是市场最真实和最底层的信息呀！"

"实战派的另外一种方法跟理论派的大同大异。大同是指基本上都属于几何分析法；大异则是重点关注特定的价格行为，以寻找高质量的交易机会……"

李总滔滔不绝，悟空又是云里雾里。

最后，李总总结："悟空，华尔街的理论大师和实战作手，跟你一样，都需要解决'位置'问题。下面要学的和练的，就是他们的方法。这些方法基本上经历了100多年的市场检验，它们是有用的。原因在于市场中的很多投资者都会使用这些方法。"

悟空赶紧问："既然大家都使用同样的方法，为什么有的赚、有的赔呢？难道不应该一起赚，或是一块儿赔吗？"

李总说："悟空，你有所不知。大家使用一样的技术分析方法，得出的结论不一样呀。技术分析大致能够识别出特定的位置。但是，由于走势的多样性和不确定性，有的人会看跌，有的人会看涨，自然就是有赚有赔了。这也算是技术分析市场的多解性。"

悟空听到这里，总算放心了。

悟空心想："看来首先是学艺精不精的问题，其次也可能是运气问题。"

二、价格模式的基础训练

李总拿出一份资料，说："悟空，价格模式说起来有点复杂，实际上很简单，就是在K线图上画线。你把资料看两遍就会了。"

悟空对着资料，做了如下笔记。

（一）价格摆动

价格摆动是指一组目测方向性明确的K线。该组K线的最高点叫作顶，或是摆动高点（Swing High，SH）；价格摆动的最低点叫作底，或是摆动低点（Swing Low，SL）。

如图11-2所示，从"顶点1"到"底点"总共6根K线，构成了一段向下的摆动；从"底点"到"顶点2"总共8根K线，构成了一段向上的摆动。这两段相邻的摆动共用了"底点"的那根K线。

（二）相邻三段摆动构成N字结构

由三段相邻的摆动，可以形成N字结构，如图11-3所示。其中，图11-3（a）和图11-3（c）是正N字；图11-3（b）是反N字。

图11-3（a）中，"顶点2"高于"顶点1"，且"底点2"高于"底点1"，呈现为"顶顶高、底底高"结构，称为上行N字，属于上涨趋势。

图11-3（b）中，"顶点2"低于"顶点1"，且"底点2"低于"底点1"，呈现为"顶顶低、底底低"结构，称为下行N字，属于下降趋势。

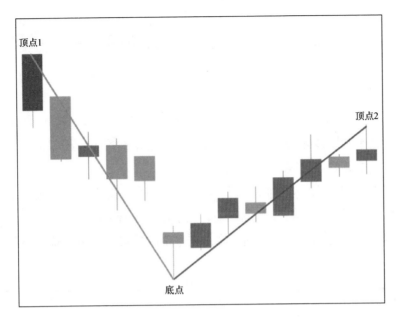

图11-2 价格摆动

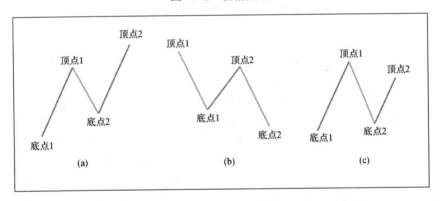

图11-3 三种N字结构

图 11-3（c）中，"底点 2"和"底点 1"，以及"顶点 2"和"顶点 1"，并没有明显的高低关系，称为横向 N 字，属于横向运动，也可称为盘整，或是区间运动。

（三）线和线段的画线工具

在炒股软件中使用画图工具，能够在 K 线图上画出各种类型的线或者线段。

几何分析法的基本规则就是，使用线或是线段连接不同点（摆动高点 SH、摆动低点 SL），形成各种几何图形，并在此基础上进行技术分析。

通过几何分析法画出的线或线段，都属于技术分析的辅助线。画辅助线需要注意以下两点：

第一，连接顶点和底点的线段，呈现了价格的摆动特征，线段会与K线在某些价格产生重叠。与图10-2所示的折线图类似，这类辅助线主要用于记录和呈现价格运动主要特征。

第二，采用线段连接相邻的顶点，或是底点画出的辅助线，一般不会与K线重叠。这类辅助线是技术分析的主要形式。通常情况下，相邻顶点的连线代表了压力，相邻底点的连线代表了支撑。

如图11-4所示，从"底点1"到"顶点"的箭头线，以及从"顶点"到"底点2"的箭头线是标注价格的摆动，属于第一种辅助线。而从"顶点"往右下方画出的细斜线属于第二种辅助线，它是下降趋势线，也被称为下降趋势的压力线。

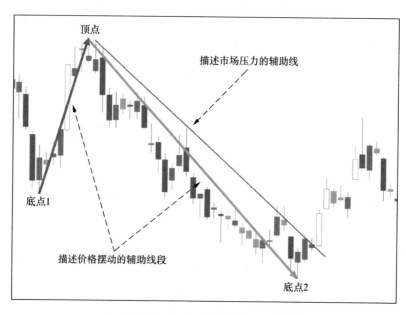

图11-4　摆动线段和技术分析辅助线

（四）比例关系的画图工具

技术分析主要采用斐波那契数列和百分比数列来描述走势图中的比例关系。炒股软件也提供了相应的画图工具。

例如，画图时，通常先以特定的一段摆动作为基准，如图11-5所示。图中的各条横线是由黄金分割画图工具，基于选择的底点和顶点所确定的摆动，自动画出来的价位横线。

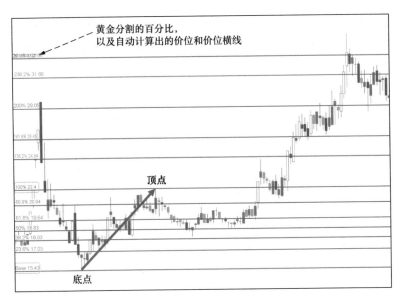

图11-5　比例关系辅助线

三、李总的讲解和示范

这份资料确实简单，悟空看过一遍就大致明白了，然后开始使用画图工具上手练习。他兴致勃勃画了好几个时辰，突然感觉不对，赶紧去找李总。

悟空进门就嚷嚷："李总，这次的培训资料俺没有办法练呀！"

李总问："怎么啦？"

悟空拿着资料，对李总说："李总，您这次给的资料不严谨。

"您看，'价格摆动是指一组目测方向性明确的K线'。请问，'目测'是什么标准？

"李总，俺觉着'目测'要是能够作为标准，那岂不是每个人画出来的都不一样了？这就是没有标准嘛！

"您看图11-4的这条描述市场压力的辅助线，即压力线，它是下降趋势中前面两个顶点的连线，对吧。但是，图中直接画成了一大段向下的摆动，并没有画出下降过程中后面顶点与底点之间的摆动，俺老孙觉得，得照图11-6来画，才对吧？

"图11-5也是，俺要是另外选择一段摆动作为基准，算出来的价位横线肯定不一样了呀！"

李总先让急吼吼的悟空嚷嚷了一会儿。等悟空不说话了，他才说："悟空，

101

我早就跟你说了。技术分析是科学思维,但远远谈不上是科学。'目测'是告诉你方法论,不是给你定义摆动的量化标准。你再换个角度想一下,如果技术分析真能够做到科学意义上的精确,以及一一对应的因果关系,市场肯定也就不存在了。因为掌握了这个秘密的人,迟早会把市场上所有的钱都变成自己的。

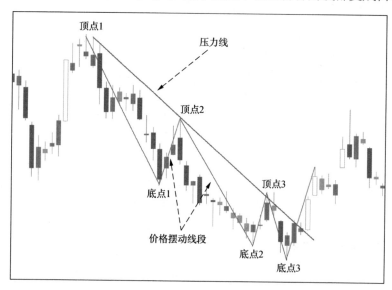

图11-6 千人千线

"你自己说说,学了这个资料,你是不是能够更好地分析价格运动了?"

悟空不得不承认,自己掌握了摆动这个概念,画了几个时辰后,读图能力确实比以前有了质变。

悟空说:"李总,那你得跟俺讲讲,俺学和练的要点是啥。"

悟空说完,就掏出了小本,等着记笔记。

李总说:"价格模式训练的基础教程,目的就是学和练各种画图工具,能够在走势图上依据摆动的基本定义,画出各种可能的几何图形。

"悟空,你可以先这样理解,所谓的价格模式就是以摆动构成的几何图形。在几何图形中,最基本的就是点和线。点就是顶点或底点,摆动就是线段。技术分析中,很难对摆动进行精确定义,自然就是千人千线。所以,技术分析是科学思维,实践则是一门艺术,或者说是一门手艺。

"当然了,画线还是有窍门的。技术分析是为交易服务的,所以画线的窍门就是'前粗近细'。

"你看,图11-7中的这一段下降趋势走完之后,接了一个上涨N字。这样的走势，就以下降趋势的最低点为标准，画一根分界线。分界线左侧为历史走势，可以不管；右侧是当下的走势，就画细致点。

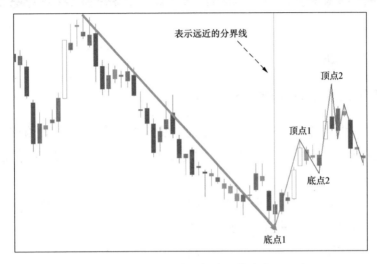

图11-7　实战视角的画线诀窍

"这样处理后，观察走势图就可以研判出，当前正在走一段上涨趋势的回调，可以寻找做多的机会。如果不这样处理，则可以将此走势图研判为一大段下跌趋势后的反弹。反弹结束后，正在走新的下跌段，就没有做多的机会。"

悟空把图 11-7 看了好几遍，不由得感叹一句："真的是千人千线！"

李总说："悟空，你以为投资者都跟技术分析理论爱好者一样呀？！根据一张图就可以轻轻松松说半年后可能见底，其间最好不交易，空仓等待。

"炒股学技术分析，千万不能学成理论爱好者。你使用'大 K 线 + 缺口'的指标公式后，有特殊显示的单 K 线振幅大都在 5% 以上。先观察走势图中有几根大 K 线，再目测最后一根 K 线与前面的顶点、底点之间的价格空间。

"你看图 11-7，最后一根 K 线要回到左侧的"顶点 2"，大致有两根大 K 线，由此，就可以猜测有 10 多个点的空间。而最后一根 K 线与前面下降趋势的起点之间，有五六根大 K 线，那么这段空间就大致接近 30 个点。基于此目测结果，投资者可以继续观察未来的几根 K 线，寻找可能出现的高质量交易机会。"

悟空心想："又学了一招！这个'大 K 线 + 缺口'特殊显示的指标还可以这样用呀，直接目测价格空间。看来，目测是一个重要的技能。"

悟空临走的时候，李总说："这次不用交作业，点评也完事了。明天学练形态学。"

第二天收盘后，悟空找到李总。

一、形态学是多K线构成的几何图形

李总说："悟空，你的读图训练是从单根 K 线开始。一组目测方向明确的 K 线是一段摆动，3 段相邻的摆动构成 N 字结构。接下来，更多连续的摆动段就构成了形态。

"从单根 K 线到摆动，从摆动到 N 字结构，再到形态。悟空，你要清楚一点，现在，我们在技术分析中引进了'时间'。"

悟空发现李总又开讲了，赶紧翻开小本记笔记。

（一）学练形态学，首先要有时间概念

日 K 线图中，形成一根 K 线需要一天的时间。形成一个形态通常需要更多的时间，从几天到十几天，到几十天，到上百天。大型的底部形态甚至能持续好几年，或是一直持续到个股退市。

引进时间概念后，技术分析对价格运动的分析就更深入了，此阶段的目的有三个：

第一，过滤价格运动的噪声，更好地理解走势图上的价格运动。

第二，寻找和确定更大的波动空间，提高实战操作的潜在盈利空间。

第三，提高价格运动预判断的稳定性，从而提高实战操作的胜率。

当然，凡事有利就有弊，投资者要付出时间成本。时间成本在实战中就意味着交易次数降低。

（二）形态学是压力和支撑双约束下的区间运动

李总接着说："形态学中，将形态分为底部形态、持续形态和顶部形态。这里隐含了一个前提，即形态学是趋势运动的组成部分。

"图 12-1 所示为底部形态 + 持续形态 + 顶部形态 = 两段上涨。从底部形态到顶部形态之间，如果有一个上升三角形的持续形态，那么三个形态之间必然是由两段上涨做连接。

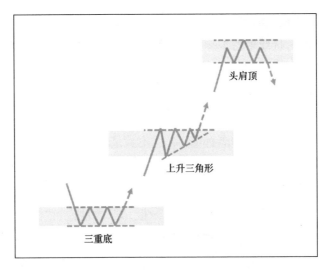

图12-1　形态学与两段上涨趋势

　　"图 12-2 所示为底部形态 + 持续形态 + 持续形态 + 顶部形态 = 三段上涨。从底部形态到顶部形态之间，如果有两个持续形态，那么这四个形态之间必然是由三段上涨做连接。中间的两个持续形态，第一个是上升三角形，第二个是看涨楔形，当然也可以是其他持续形态。

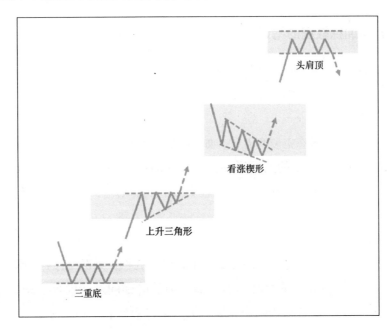

图12-2　形态学与三段上涨趋势

"是否可以存在更多段的上涨呢？当然可以。

底部形态 + 持续形态 1+…+ 持续形态 n+ 顶部形态 =n+1 段上涨

"悟空，形态学要从趋势的视角去研究，去学习，去练习。要点就是把特定形态视为一段趋势运动中的停滞阶段，上有压力、下有支撑，这是双约束下的区间运动。"

悟空恍然大悟，说："俺老孙懂了。这不就是前段时间练的大 K 线和小 K 线嘛！图 10-5 的小 K 线大致就是各种形态。研究形态学的目的就是试图在交易中抓住图 10-4 中的大 K 线。"

李总这次没有表扬悟空，而是把脸一板，严肃地说："悟空，你都看了这样多的图，难道还有你没有见过的图吗？

"你前面是用最笨的方法打基础。后面学练的内容都是深入的理论化和实战化，没有什么新东西。目的就一个，在走势图上找位置。位置在哪里？得先判断出趋势方向和趋势阶段。

"悟空啊，形态学的理论大师用心良苦，为了帮助你这样的猴子……嗯……你这样的投资者，使用了底部、持续、顶部三个重要的术语，就是想强调趋势方向和趋势阶段。"

二、形态学训练教程的笔记

李总语重心长地说完，就把形态学的资料给了悟空，自己弄茶去了。

悟空对着资料，又做了如下笔记。

（一）底部形态

形态学的底部形态主要有五种，如图 12-3 所示。

底部形态是空转多的反转形态，需要随后的横向运动或是上涨趋势做验证。验证的标准是不能再出新低。验证失败的底部形态，则成为下降趋势中的持续形态。

（二）顶部形态

对应底部形态，形态学的顶部形态主要也有五种，如图 12-4 所示。

顶部形态是多转空的反转形态，需要随后的横向运动或是下跌趋势做验证。验证的标准是不能再出新高。验证失败的顶部形态，则成为上涨趋势中的持续形态。

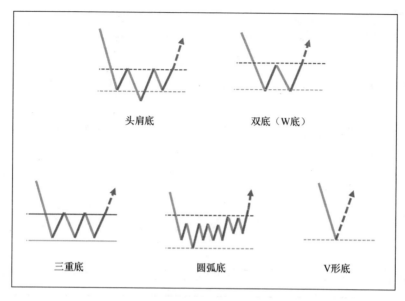

图12-3　底部形态

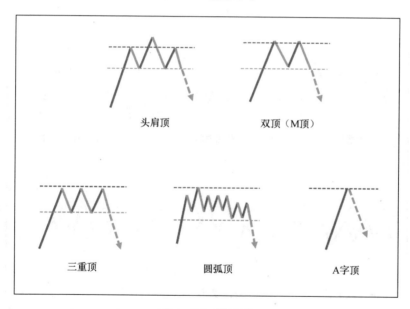

图12-4　顶部形态

（三）持续形态

常见的持续形态，如图 12-5 所示。

持续形态种类繁多，无须都先背下来再练。可以在理解了压力和支撑的概念基础上，通过图表训练画辅助线的方式去熟悉。

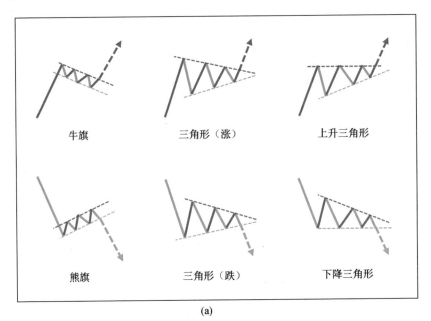

(a)

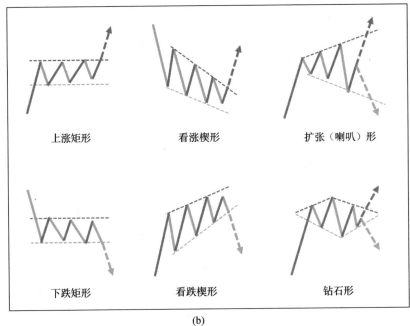

(b)

图12-5　持续形态

三、李总的讲解和示范

尽管悟空做了大量画图工具的使用训练，但是拿着形态学的图谱，在 K 线图上却是很难直接画出来。真的是左看一眼图谱，都明白；右看一眼 K 线图，又都不明白。悟空急得不停抓耳挠腮："唉，还是找李总吧。"

悟空见到李总，直接说："您还是给俺讲讲吧。俺是看着图谱感觉很简单，但在 K 线图上却找不准、画不好。"

李总说："我不是告诉过你。发明形态学的时候，华尔街还没有 K 线图的嘛。

"其实还有一个更重要的原因。交易进入计算机时代后，一些大的机构使用了高频交易和程序交易。这两种交易方法的大量使用，必然导致现在的 K 线图上会出现一些新特点。当然了，万变不离其宗。形态学的原理并没有改变。"

（一）牢记形态学的前提是趋势

李总说："形态学的隐含逻辑是趋势。悟空，你首先要用双色均线过滤，找出有趋势的 K 线图。没有明显趋势的走势图，本身就是一个大形态，先不用看。

"如图 12-6 所示，用双色 20 均线找出一段趋势。趋势可以是两段，常见的是三段，有时候是四段。图 12-6 中按照双色 20 均线的标准，一段大趋势明显分为三段。

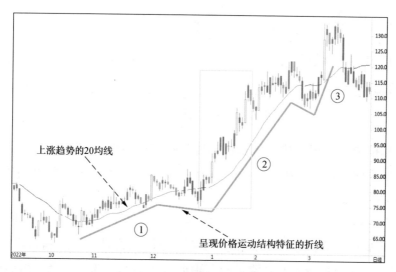

图12-6　双色20均线辅助识别趋势

悟空心想："俺老孙怎么把这个忘记了呀！

"在图 12-6 中，俺可以参照图 10-2 画出折线图，然后将与上升趋势同向运动的波段，标记序号画出 3 个小段：①前接底部形态，后接持续形态。②前接持续形态，后也接持续形态。③前接持续形态，后接顶部形态。"

（二）形态辨识辅助线的两种基本画法

李总接着说："悟空，我在前面讲过，连接顶点和底点，画的线段是摆动；而连接相邻的顶点或底点，画的线是压力或支撑。在图12-3、图12-4和图12-5所示的形态学图谱中，实线对应摆动线段，虚线对应压力线和支撑线，两者合起来呈现形态的轮廓。同时，这也是形态辨识的两种基本画法，如图12-7所示。摆动使用细的蓝色线段，水平支撑和压力用水平线，其他支撑和压力用粗的绿色斜线。"

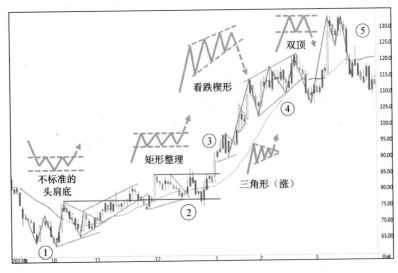

图12-7　在K线图上画形态

李总指着图12-7中的形态，对悟空嘱咐道："悟空，在K线图上画形态要耐心，一个形态画完了再画下一个形态。将三张形态学图谱中看着相似的形态，在K线图中好好对应。

"图12-7左下角的形态①，蓝色摆动线段是一个头肩底，这是一个不标准的头肩底。实际走势中，不标准的形态比比皆是，大致画出来就可以。②是在头肩底的颈线上方，做了一个矩形持续形态。③是一个三角形持续形态。回到图12-6中，第②段上涨幅度最大。这段大幅上涨中间出现了这个明显的持续形态。④是看跌楔形，它是一个复杂的持续形态。⑤是一个双顶形态。"

李总强调："画形态由于存在多解性，也就是说，同一段走势可以画出不同的形态。因此，画形态并没有标准答案，尤其是还没有明确走完的形态。"

悟空点了点头说："俺懂了。

"画形态总结下来就这三个步骤：

"第一，在K线图上找出一定数量的K线重叠部分。

"第二，定出顶点和底点，画摆动。

"第三，连接相邻的顶点，画出压力线；连接相邻的底点，画出支撑线。"

（三）特定形态目标价的测算

李总没有理会悟空，接着说："下面讲重点了，好好记笔记！

"悟空，形态学的前提是趋势理论。在趋势没有结束的情况下，特定形态的结束点通常会接一段小型趋势，从而完成一大段趋势。站在实战视角，必然就会衍生出下面两个问题：

"第一，小型趋势的方向。由于形态学提前假设了一大段趋势，并且正在运行。方向自然就是该大段趋势的方向。

"第二，小型趋势的幅度。小型趋势的幅度有两种测算方法，如图12-8所示。

"图12-8中的方框对应的区域是图12-6中的方框。在这段上涨趋势中，有一个三角形持续形态。如果我们基于此三角形整理来测算上涨的目标价位，主要有下面两种方法：

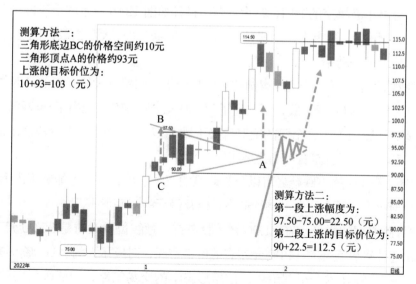

图12-8　形态学的测算方法

"第一种测算方法是，基于三角形本身形态的测算。以三角形的底边为上涨幅度，起涨点是三角形的顶点。图12-8中，目测底边的低点C是88.00元/股左右，高点B在98.00元/股左右，底边大约有10.00元的价格空间。三角形顶点A大约是93.00元/股，第一种测算方法的目标价大致就是103.00元/股。

"第二种测算方法是，以三角形作为对称轴，把前一小段上涨趋势的幅度作为测算标准。第一段上涨从75元/股上涨到97.5元/股，上涨的价格空间为22.5元。然后以90元/股作为第二段上涨的起点，测算目标价是90.00+22.50=112.50（元）。实际走势的结果大致为114.50元/股，与第二种测算方法的结果接近，说明三角形整理之后的第二段上涨趋势很强。"李总强调，"学练形态学要有实战思维。"然后继续划重点，"重点一是学练特定形态的破坏点，也就是拐点。形态的拐点通常是高质量的进场点。重点二是掌握特定形态的测算方法，尤其是第二种测算方法。在画图训练中，要琢磨在什么样的情况下，后续会大概率走出强势的结果。"

悟空听李总讲完，兴奋地说："哈哈。李总，您要不这样讲，俺老孙本以为形态学就是画线玩呢！原来形态学还有这样多的门道呀！"

（四）形态学的弊端

李总问："悟空，形态学好吗？"

悟空答："当然好了。俺老孙练好了形态学，就该大干一场了！"

李总敲了敲悟空的脑门，在大屏幕中打开如图12-9所示的个股日K线图，继续说："悟空，股市中，个股价格的波动率通常超过大盘指数，也超过一般商品和外汇的波动率。

"我们还是来看一个实战案例吧。这是一张时间跨度大约半年的日K线图。股价从超过140.00元/股，下跌到了70.00元/股左右，走出了一段腰斩的下跌行情。江恩理论中，个股的绝对价格下跌50%通常会是一个阶段性的低点。那么，70.00元/股左右可能会是底部。

"图12-9中的下跌趋势可以分为明显的三个小段，并且也能够画出大致明确的双顶形态、两个三角形持续形态，以及最后的双底形态。

"目测双底的最低点在71.00元/股左右，颈线位置大致是85.00元/股。可以快速计算出底部有14.00元左右的价格空间，对应了大约20.00%的幅度。

"悟空，在技术分析理论中，依据形态学的交易策略，一般采用突破颈线进场，止损点放在形态下沿一点的位置。

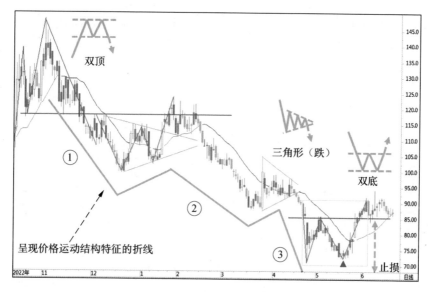

图12-9 形态学的交易策略

"按照这个策略来制订双底形态的交易计划，突破85.00元/股进场，止损以71.00元/股作为技术参考点，设置在68.00元/股左右。你会执行这样的交易计划吗？"

悟空想了一下，说："这个问题不能简单回答'是'或'不是'。咱得展开讨论一下。

"按照俺的理解，实战的交易计划有两点，一是技术逻辑，二是盈亏比。俺先用黄金分割画图工具试试。"

悟空熟练地在图12-10中使用黄金分割工具，并继续对李总说："对于这只个股，如果俺在85.00元/股左右进场，止损价为68.00元/股，风险空间就是17.00元左右。按照黄金分割的数据，61.8%位对应101.00元/股左右，涨16.00元；50%位对应110.00元/股左右，涨25.00元；38.2%位对应120.00元/股左右，涨35.00元。

"再按照双底形态的第一种测算方法，底部以70.00元/股估算，目标价在100.00元/股左右，与黄金分割的61.8%位大致相等。

"如果以100.00元/股做止盈价，只能做到接近1∶1的盈亏比。即使止盈价定到120.00元/股，也只能达到2∶1的盈亏比。

"结论，俺不认为这是一个好的交易计划。

"俺老孙最近一直琢磨您说的'位置'。就以现在讨论的图来说，真找不好进场位置。教科书上的交易策略所说的进场方法，理论上确实没啥问题，但是实战操作啊，俺老孙真下不去手。唉……"

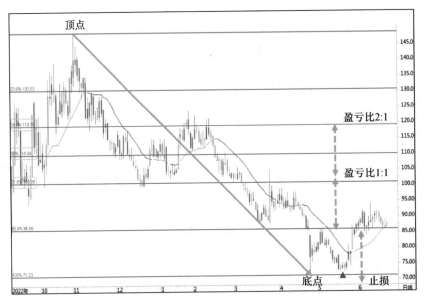

图12-10　黄金分割线在交易计划中的应用

（五）形态学交易策略的优化

李总对悟空的分析过程非常满意，频频点头。见悟空唉声叹气，就安慰道："有问题就好！有问题就是进步。大学习大练习的目的就是在学练中找到问题。只有找到了问题，才有可能解决问题。

"我当初也是这样。在日K线图上，完全按照形态学的方法做交易计划，盈亏比不好，花的时间也长，确实让人纠结。那该怎么办呢？"

李总打开了一张个股的30分钟K线图，稍微处理了一下，如图12-11所示。然后继续讲："图12-11的方框区域对应了图12-9右下侧的方框，也就是说，日K线图上的双底形态在30分钟K线图中，细节更丰富了。

"双底的第二个底，也称为第二只脚。在图12-9的日K线图上，双底的拐点区间出现了4根小K线，参见图12-9中右下角的向上三角形。它对应了图12-11中的向上三角形标注的摆动折线段。日线图上的4根小K线，在30分钟走势图上，呈现为三重底形态。此三重底的最低点大致在72.00元/股，颈线约75.00元/股，底部区间为3.00元左右。

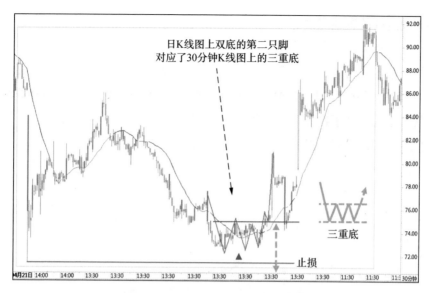

图12-11　形态学交易策略的优化

　　"悟空，如果以30分钟K线图上的三重底形态制订交易计划，突破颈线进场，止损还是按照日线走势图的双底作为标准，也就是说，止损价还是定在68.00元/股。你现在觉得怎么样？"

　　悟空答："俺老孙还得先算一算。以75.00元/股进场，止损在68.00元/股，风险就是7.00元的空间。按照日线第一目标位到100.00元/股，盈利就是25.00元/股，盈亏比大致在3.4∶1。如果止盈设置在120.00元/股，盈利就是45.00元/股，盈亏比大致在6.4∶1左右。哇！李总，你好厉害！"

　　李总说："悟空，你还是要大量读图，验证这个方法在实战中的真实情况。是不是真的好？或者是不是会出现新问题？另外，你是做日K线图的投资者，小周期看到60分钟线、30分钟线就可以了。"

　　李总最后强调："炒股不能只去看它可能上涨到多少钱，以及上涨的百分比。比如前面关于图12-9的讨论，85.00元/股左右进场，涨到100.00元/股，涨了15.00元，上涨百分比是17.65%。这样的炒股思维只看见了赚钱，看不见可能赔钱的风险。这是严重的低级错误。

　　"正确的炒股思维是，要先看见风险，再主观判断潜在的盈利。也就是说，先关注止损价在68.00元/股，然后分析交易计划。如果在85.00元/股左右进场，风险就是17.00元，潜在的亏损比例是20.00%。

　　"悟空，所有的交易都是'先看见止损价，再说进场价'。以后讨论的时候，

你要养成这样的表述习惯。"

悟空忙点头，赶紧在小本上记了下来。

悟空临走的时候，李总交代："这个阶段跟第一个阶段不一样。学练的知识点相对繁杂，各种知识点需要相互参照，相互融合。因此，不需要交作业，有问题就直接问。问了也没有标准答案。"

悟空听了，"不明觉厉"，回去自己画图了。

这几天，悟空好像进入了新天地，成天都在画图。李总只好主动把悟空叫了过来。

李总对悟空说："形态学仅仅是技术分析的一种方法。今天给你讲一种新方法，名为威科夫价格循环。理查德·威科夫是华尔街古典时代技术分析的大师之一，其理论体系逻辑严谨，实战性强，具有普遍意义上的指导性。"

李总见悟空眼睛发亮，知道他好奇心上来了，赶紧把话兜回来："我们学练最有实战意义的知识点就可以了。悟空，我这样跟你说吧。技术分析理论不说汗牛充栋，反正挺多的，有些还真挺难学。就算一个人把所有理论都学好了，大概率也不能炒股赚钱。原因跟你讲过好多次了，炒股赚钱需要三种能力，技术分析仅仅是其中的一种。一定程度上，可以说这是最不重要的一种。"

一、收敛与扩张的概念为什么重要

"如果把形态学的各种形态定义为收敛，形态前面和后面的小趋势段叫扩张。或者说，大K线叫扩张，小K线叫收敛。"李总问，"悟空，你来讲讲，收敛和扩张的概念为什么重要？"

（一）买在收敛突破，卖在扩张运动的高点

悟空答："如果收敛和扩张真是你刚才的定义，那在实战中就太重要了！

"简单来说，扩张就是赚钱或亏钱；收敛就是干耗时间，白忙活。

"就以上回咱讨论过的图 12-9 和图 12-11 来说吧。

"图 12-9 是日线级别的下降趋势，从超过 140.00 元 / 股跌到 70.00 元 / 股左右，这次扩张运动的价格空间就有 70.00 元。而在双底形态的底部区间，大致是从 70.00 元 / 股到 85.00 元 / 股，也就是 15.00 元的价格空间。相对于 70.00 元的价格空间，15.00 元明显算是收敛了。俺老孙认为，实战操作的时候，15.00 元的收敛区间还是太大了。

"不过，图 12-11 的 30 分钟 K 线图就不一样了。日 K 线图上的双底第二只脚附近，对应到 30 分钟 K 线图，是一个 72.00 元 / 股到 75.00 元 / 股的小三重底形态。3.00 元的收敛区间相对于日线级别有 70.00 元的扩张运动，在实战中

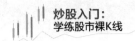
就有明显的交易优势了。

"俺老孙理解，您让俺上手练的孕线基础交易法，就是练习在窄幅收敛区间找买点。这样的进场点，目的是要把握随后可能出现的扩张运动。

"总结就是，买在收敛突破，卖在扩张运动的高点。

"具体来说，就跟图12-8一样，同样的形态可以使用不同的测算方法。形态学都可以归类为收敛。假如市场后续能够实现的价格，接近形态学第二种测算方法的结果，就归类为扩张。"

（二）关于孕线基础交易法的讨论

李总见悟空讲得头头是道，又提了一个问题："那你讲讲，练习孕线基础交易法，为什么我只让你做1：1的盈亏比？"

悟空回答："俺老孙现在认为，孕线就是收敛。但是，图12-11中更小时间周期的收敛，如果没有日线走势图上特定形态的拐点支持，多数就是随机的小幅价格波动，很难出现日线级别的扩张运动。

"孕线基础交易法给俺的感觉是，只有出现了突破大阳线，才有可能做到3：1的盈亏比。俺可以负责任地说，出现这样的走势是个小概率事件。所以，您让我练的不是孕线基础交易法，而是交易流程和交易能力，也就是您反复强调的交易手法。"

李总接着问："那你打算怎么改进孕线基础交易法？"

悟空白了李总一眼，说："俺老孙学到现在已经懂了，凡是没有形态拐点支撑的孕线，就没有交易价值。俺的意见就是，这个孕线基础交易法就适合拿来练习交易手法，炒股赚钱还是算了吧。"

李总说："嗯。但是，你每天还得继续练！"

二、威科夫价格循环的笔记

李总把威科夫价格循环的学习资料给了悟空。

悟空打开一看，兴奋地说："李总，难道这就是'华尔街备忘录'的内部版？！"

李总说："你还是自己先看几遍吧。"

悟空按捺住兴奋的心情，做了如下笔记。

（一）威科夫价格循环

如图13-1所示为威科夫价格循环模型，它分为四个阶段，即吸筹阶段—

上涨阶段—派发阶段—下跌阶段。

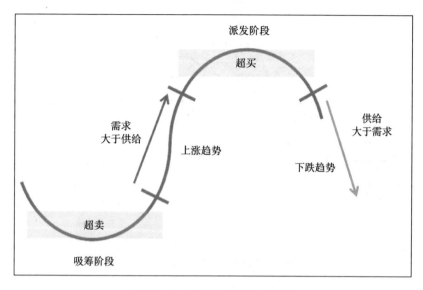

图13-1　威科夫价格循环模型

（1）吸筹阶段在走势图上表现为横向运动，市场为超卖。

（2）上涨阶段中，需求大于供给，推动价格上涨，走势图上呈现上涨趋势。

（3）派发阶段再次表现为横向运动，市场为超买。

（4）随后供给大于需求，推动价格下跌，走势图上呈现下降趋势。

（5）下降趋势止跌后，再次进入吸筹阶段，开始新一轮价格循环。

如果把吸筹和派发的横向运动视为收敛，上涨和下跌视为扩张，那么威科夫价格循环模型就是收敛—扩张—收敛—扩张。

（二）威科夫价格循环中的内部细节

如图13-2所示为威科夫价格循环模型的折线图，它重点描述了从收敛到扩张的期间，又包含了四个小的阶段。

以图13-2的左下角为起点，也就是以横向运动形成吸筹阶段作为起始点。这四个小的阶段具体分为①开始，②价格快速运动，③扩张前的准备，④趋势持续。

其中，第②阶段，价格快速运动是价格突破吸筹区，第一次明显的扩张运动。

第③阶段，扩张前的准备是突破后的回踩。

第④阶段，趋势持续是价格创新高后，形成"顶顶高、底底高"的上涨趋势。

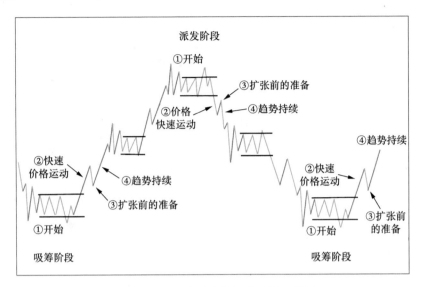

图13-2　威科夫价格循环模型的折线图

图13-2中还标注了从派发阶段开始的四个小阶段。图的最右侧是第二个吸筹阶段，新的一轮威科夫价格循环开始了。

三、李总的讲解和示范

悟空做完笔记后，兴冲冲地去找李总。

悟空说："李总，俺老孙真的认为这就是'华尔街备忘录'的内部版。您得跟俺好好讲讲。"

李总说："据我所知，并没有'华尔街备忘录内部版'这个说法。但是，威科夫价格循环确实是从聪明钱的角度在讲股市的价格运动。"

（一）威科夫的"科学跟庄"交易法

李总接着说："技术分析有各种各样的理论。所有的理论都试图回答一个问题，是什么力量在推动市场的价格运动。

"威科夫是一名实战型的理论大师。由于工作的便利条件，他能够近距离观察当时大作手们的实际交易行为。他发现了一个真实的事实——在股市中赚钱的总是资金雄厚的大投资者，赔钱的总是没有资金优势的散户。威科夫由此得出结论，在很大程度上，大资金的逐利行为推动了市场的价格运动。

"从这个理论原点出发，聪明的投资者要想炒股赚钱，最好使用'跟庄'的逻辑。'庄'特指市场的大资金。如果投资者能够从走势图上发现'庄'真实交易留下的痕迹，并采取同样的交易行为，大概率就能够成为市场的赢家。

"这个道理以前跟你讲过。"

悟空恍然大悟地说："对，对，对！俺现在是在学'聪明钱'的炒股逻辑和聪明投资者的炒股方法吧？"

李总说："算是吧。相对于听内幕消息炒股，威科夫理论本质上是一套'科学跟庄'交易法。威科夫价格循环模型，阐明了华尔街大庄家反复收割韭菜的具体过程。在这个过程中，'庄'和散户是对手盘。吸筹阶段是散户低价把股票卖给'庄'；派发阶段是'庄'高价把股票卖给散户。完成一轮后，再来一轮，这就是循环。"

李总说到这里，把自己都说乐了。

悟空暗道："图 13-1 还能这样解读呀！"

李总强调："事实上，高流动性的市场并不存在所谓专门针对散户的'庄'。'庄'是市场参与者的合力，本质上等同于市场的力量。走势图上的价格行为，是市场所有参与者综合博弈的结果。威科夫所说的'庄'，英文是 Composite Man，一般译为综合人。威科夫把市场力量拟人化，用来帮助投资者更好地解释和理解市场的价格运动。大资金赚钱的原因在于其能够更好地理解和跟随市场，顺势而为。因此，即使是资金雄厚的大机构，如果逆势而为，同样会遭受重大损失。"

（二）"庄"必须完成的交易行为

李总接着说："威科夫用 Composite Man 把市场力量拟人化之后，把市场合力下的价格运动简化为赢家交易行为的结果。在这样的叙事逻辑下，聪明的投资者能够建立简单、高效的实战交易逻辑，即发现'庄'的痕迹→识别'庄'的意图→跟'庄'操作。

"威科夫认为'庄'要赚钱必须完成两个动作，低价买股票和高价卖股票。由于'庄'的资金量大，这两个动作其实对应的是，低价大量买进股票和高价大量卖出股票。通常情况下，任何价位的大量买进，都会推动价格上涨；任何价位的大量卖出，也都会推动价格下跌。这是供需法则的基本原理。平心而论，'庄'要完成两个这样的动作，难度真的很大。

"悟空，你说说'庄'是怎么做到的？"

悟空想了一下，说："俺老孙明白图 13-2 在讲啥了。

"低价大量买进股票和高价大量卖出股票，其实是用时间做到的，所以威科夫画了横向运动的吸筹区和派发区。

"而'庄'还有一个更重要的动作，就是创造趋势。只有成功创造出上涨趋势后，才能把低价买进的股票用高价卖出去。同样的道理，只有成功创造出下降趋势后，'庄'才能再次低价买股票。

"创造趋势的关键在于突破，图13-2就是在反复强调'突破的四个阶段'。"

（三）在走势图上发现"庄"的痕迹

悟空接着说："威科夫价格循环的原理俺懂了，重点也搞明白了。但是，在K线图上对不上呀！请李总给讲讲。"

李总说："悟空，绝大多数技术原理示意图，展示的都是理想状态下的标准走势。实际个股走势就算是符合特定的技术理论，通常也会有变形，很难找到教科书一样的走势图。

"怎样才能把实际的K线图与技术原理示意图对上呢？还是要从技术原理本身入手。

"威科夫价格循环的技术原理是'庄'与散户的筹码互换，实现'庄'的低买高卖。走势图上必然呈现'低位收敛→向上扩张→高位收敛→向下扩张'的价格行为。

"悟空，你把图13-2的重点理解为'突破的四个阶段'，非常好！但是，你还是难以在K线图上识别出来，那就应该再换一个角度去理解图13-2。

"我一直在跟你强调，华尔街技术分析的理论都是以趋势为核心，威科夫理论也不例外。我们可以尝试用趋势的视角来理解。"

李总将图13-2切换到图13-3，继续讲："再来看这张图，如果把吸筹阶段视为底部，派发阶段视为顶部，中间就是一大段上涨趋势。这一大段的上涨趋势又可以分为两段上涨，中间衔接了一个持续形态。两段上涨中的每一段，还可以分为两个更小的段，分别对应了图13-3中的①②和③④。

这样处理后，就跟形态学对应上了，威科夫价格循环模型是一个两段上涨的趋势结构。

需要注意的是，威科夫认为吸筹和派发需要更长的时间，也就是持续形态的时间要少于底部形态和顶部形态。这个技术细节在图13-3中，表现为区域A的持续时间通常比区域B更久。"

李总接着说："通常情况下，技术分析研究的是典型的趋势运动。因此，技术原理示意图与K线图的对应，应找大牛股做案例。如图13-4所示为某强势个股的走势，其折线图就会高度符合威科夫价格循环的技术原理图。"

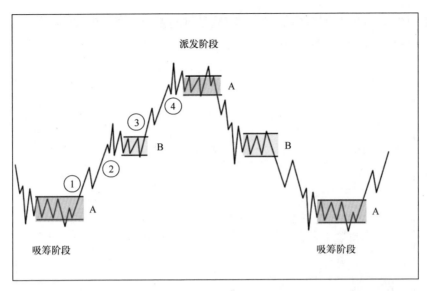

图13-3 趋势视角的威科夫价格循环

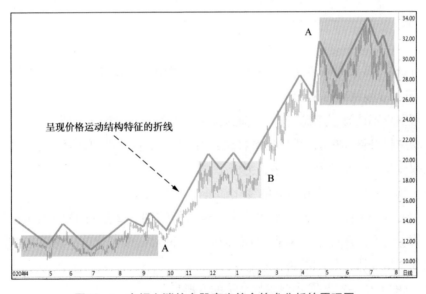

图13-4 大幅上涨的个股高度符合技术分析的原理图

（四）如何 K 线图上画出收敛和扩张

李总说："威科夫有可能对收敛做了分类，一种是长时间的吸筹区和派发区；另一种是趋势段中间，时间较短的持续形态。

"悟空，你就先在 K 线图上找时间较短的收敛，有一定经验后再找时间较长的收敛。比如在图 13-5 所示的 K 线图上，使用类似于区域 A 和区域 B 的色块画收敛。图 13-5 的左侧是小型收敛，右侧是时间更长、空间更大的收敛。至于扩张，可能由大 K 线构成；也可能由收敛形式的台阶构成。你多练练，自然就懂了。

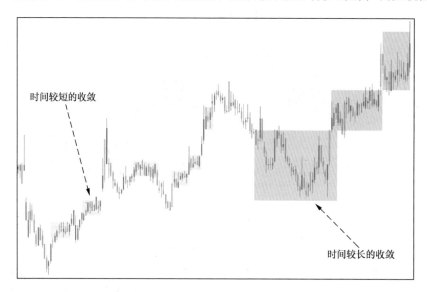

图13-5　K线图上的收敛识别

"悟空，技术分析没有标准答案。你先这样画着，画多了就有感觉了。"

（五）炒股赚钱的真正难点

悟空忍不住怼了李总一句："俺这样学，不就越学越迷糊了吗？"

李总打开图 13-6，跟悟空解释说："技术分析看着简单，就一个二维平面中的双变量。一个变量是价格，另一个变量是时间。很多人以为时间是匀速变化的，其实不然。价格和时间的变化都是自由的。

"图 13-6 中，①是图 13-4 的个股走势折线图。②是将①的时间压缩了。③是将①的空间压缩了。④是将①的时间和空间都压缩了。单从读图的角度看，①②③④是 4 张一样的图吗？不是！

"真的不是吗？②③④明明都是①的变形！"

李总停顿了一下让悟空看了一会儿图 13-6，继续说："悟空，使用不同的方式分析这四条折线，得出的答案不一样。比如技术分析的理论研究者使用'时间周期＋价格结构'，就可以认为①②③④是一样的。

"但是，从炒股赚钱的角度，①②③④真的不一样。以①的上涨价格和时间为基准，②涨得更快了。③虽然也确实涨了，但相比①涨得又慢又少。④明明就是一个小波段行情嘛。

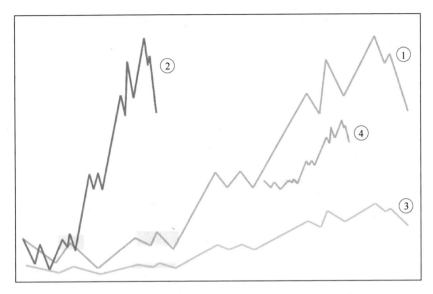

图13-6　价格和时间的变化都是自由的

　　"行情是价格和时间双变量造成的不确定性的客观结果。而炒股是投资者进场点和持股时间双变量的主观决策。

　　"悟空，这样复杂的主客体互动系统，怎么可能存在标准答案？！

　　"学好技术分析要注意以下两个要点：

　　"第一，历史验证。你所有的训练本质上都是在做历史验证。

　　"第二，特定理论的市场逻辑。今天讨论的威科夫价格循环，市场逻辑是'庄'反复收割韭菜，落脚到走势图上就是'收敛—扩张'的循环。

　　"正如你前面讲的，'收敛—扩张'循环的重点是突破。突破既是收敛的结束，也是扩张的开始。

　　"回到图13-2的技术原理示意图，它把突破分为四个小阶段。这四个小阶段的起始点是收敛。结论就是，威科夫认为突破要从收敛开始。

　　"悟空，那你该怎么学？怎么练？

　　"当然是从识别收敛开始嘛！

　　"收敛有定义吗？

　　"有。价格做横向的区间运动。

　　"收敛有量化标准吗？

　　"真没有。

　　"那怎么办？

"你自己先主观定一个标准就可以了嘛！练的强度够了，自然就会根据不同的走势图，选择合适的标准了。

"悟空，没有其他捷径，只能这样练。"

李总苦口婆心讲了半天，悟空就听进去两个字——突破。

悟空默默地在小本上又写了一遍："买在收敛突破，卖在扩张运动的高点。"

（六）李总重提报价单分析法

悟空临走的时候，李总问："悟空，你用报价单分析法，每天记录市场的6个数据。这个你练得怎么样了？"

悟空答："俺每天都在做，是用笔记在本上。

"俺初步感觉，记录的6个数据反映了当天炒股的真实情况，上涨总家数、下跌总家数、涨停总家数、涨幅大于5%的总家数、跌停总家数、跌幅大于5%的总家数。这6个数据可以分成两组。

"上涨总家数、涨停总家数、涨幅大于5%的总家数，这组数据代表了当天的赚钱效应。下跌总家数、跌停总家数、跌幅大于5%的总家数，这组数据代表了当天的亏钱效应。

"俺老孙认为，单从炒股的角度，这6个数据比大盘指数好用。但是，这6个数据只能是一种感性认识，可能就是您说的'盘感'。

"这个训练方法并不能使用历史数据做复盘，历史的数据实在难以建立盘感。所以，俺的训练强度远远不够。"

李总说："练得挺好的，继续练吧。

"现在是计算机交易时代，行情数据唾手可得，倒忽略了一些对投资者真正有用的方法。华尔街大作手利弗莫尔最早是行情的报价员，一开始就用这个方法。后来他成为呼风唤雨的大作手后，还在使用这个方法。

"再给你布置一个新作业。你随机挑选10只个股，每天记录4个数据，最高价、最低价、收盘价、换手率。要点同样是每天单纯地只记录这4个数据，不对它们做任何分析。如果用笔记录，你就选2只个股练。

"在练的过程中，如果你认为这4个数据中，某一个特定的数值相对更重要，就标注一下。例如，某一只个股的某个特定价格。标注的标准要严格，只能是很少的数值，标准你自己定。

"新作业也可以采用动态读图的训练方法，练的时候要慢一点。"

悟空赶紧记下有新作业，一溜烟就跑了。

第 ④ 部分

技术分析的综合练习

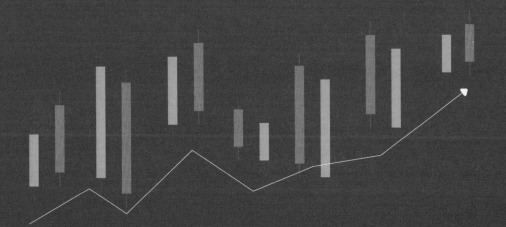

悟空画了几天图，感觉没有什么进步，就又去找李总。

一、给俺一张学练技术分析的路线图

悟空说："李总，俺查看了笔记本，您卖了两个关子没有讲。一个是本间宗久的 8 张价格走势图和 1 张时间循环图；另外一个是威科夫的价格结构。俺老孙现在处于'似懂非懂、非懂是懂'的混沌状态。您卖的这两个关子，是不是帮俺老孙破局的钥匙呀。"

李总说："还真不是。炒股不存在什么秘籍，学了就包赚钱。

"本间宗久的 8 张价格走势图，跟常见的技术分析原理图大同小异。1 张时间循环图也是针对当年米市交易的经验总结，现在没有什么用。威科夫的价格结构后面再讲，现在讲早了点。"李总接着问悟空，"你现在的想法是什么？"

悟空迫不及待地回答："李总，您这样问问题不好。问俺一个大而化之的问题，俺很难直接回答。

"单说技术分析吧。俺学练了一个多月，会看 K 线，会用双色均线看趋势，还会在走势图上画各种形态。这两天又在学练收敛和扩张。俺刚才说的'似懂非懂'，意思就是会了这些，俺还是很难解释和预测行情。'非懂是懂'的意思是，看着走势图，俺老孙还真能头头是道，自圆其说，啥都懂。

"俺现在还有两个问题：

"第一，俺没有系统的技术分析思考框架。基本上是新学什么，就练什么。前段时间学形态，就天天在走势图上画形态；这两天学威科夫价格循环，就天天在走势图上找收敛、看扩张，琢磨威科夫价格循环的四个阶段。

"第二，这两天学练'收敛—扩张'，俺自己总结为'收敛—突破—扩张'。俺这个思路在走势图上能够得到验证，但是不够精确和稳定。原因就一个，技术原理示意图本质上是基于摆动的折线图，只管摆动的高低点。这样处理的好处是原理讲得清楚，弊端则是在 K 线图上不好对应。当然，俺老孙也知道，技术原理示意图就该使用折线图，不能用 K 线图。

"俺老孙学练技术分析的目的是'找位置'，搞懂趋势方向和趋势阶段。李总，到目前为止，您让俺学的内容，俺老孙练得再好，也是找不好位置的呀！

"俺老孙的想法是什么？俺老孙认为，您现在就应该给俺一张学练技术分析的路线图。"

二、收敛—突破—扩张

李总说："学一门知识，一般有三个阶段，即'见山是山、见山不是山、见山又是山'。

"炒股就是炒价差。你从K线开始，看见的就是每天价格的上上下下，这是'见山是山'。之后，学练的东西是为了掌握价格波动的规律，逐渐脱离了具体的价格波动，就是'见山不是山'。

"悟空，你总结的'收敛—突破—扩张'，从交易逻辑来说非常正确，比我当年摸索强多了！但是，也抽象，典型的'见山不是山'，落不了地。

"悟空，我问你，'收敛—突破—扩张'的价格模式，你做历史验证了吗？做的量，你认为够了吗？验证的结论又是什么？"

悟空回答："俺老孙验证了大概100多张图，每张图都细致画了一遍。工作量等同于练K线的300张图。俺老孙认为做的量，阶段性算够了。

"俺验证的结论是，只要能够在K线图上画出收敛，'收敛—突破—扩张'的价格模式就基本上成立。只是有的突破会成功，有的会失败；成功后，有的扩张幅度大，有的扩张幅度小。"

李总说："在技术分析方面，聪明的投资者都有自己的核心理念。悟空，'收敛—突破—扩张'是你自己总结、自己验证的'收获'。你现在的问题是，你是否能把这个'收获'作为自己的核心理念，并在此基础上，构建系统的技术分析思考框架。"

悟空想了一会儿，说："俺想听听您的意见。"

李总说："我觉得可以。目前，你找不到更好的思路，我们先按照这个思路弄，继续往前走。真有问题的话，到时候再说。"

三、悟空学练技术分析的框架图

李总将整理好的技术分析框架图，如图14-1所示，一边在会议室的大屏幕上播放，一边说："悟空，我把你的思路发挥一下，帮你梳理了一张你可以用的技术分析框架图。以'收敛—突破—扩张'作为技术分析的核心理念，大致

分为两块内容：

"第一块内容是知识框架，将技术分析分为分析对象和分析工具。分析对象包含了收敛、突破和扩张这三种价格行为。分析工具主要有辅助线、对称法则和技术指标。

"第二块内容是'收敛—突破—扩张'的示意图，以及不同价格行为对应的量价关系。

"悟空，接下来你就按照这个框架学和练，从现在'见山不是山'的阶段，进入'见山又是山'的新阶段。

"按照这张技术分析框架图，我们就从三种价格行为开始。"

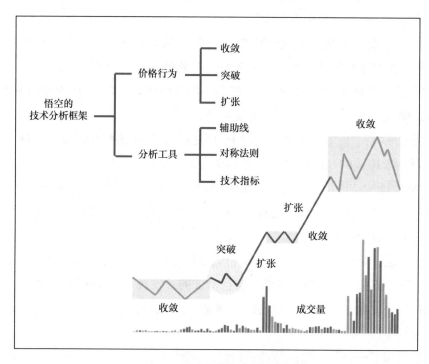

图14-1　悟空的技术分析框架图

第15章　收敛是区间运动

李总说："常见的技术分析理论，一般都会研究收敛和扩张。例如形态学，各种具体的形态是在研究收敛的不同形式；特定形态目标价的测算，则可以认为是在研究扩张的可能形式。

"悟空，你的价格行为分类中，除了收敛和扩张，还加入了突破。这不能说是你的创新，只能说是你个人在做了大量读图练习后，对突破的强调。

"从实战的角度，我很欣赏你在这个阶段就能够认识到突破的重要性。孺子可教也！

"前面跟你讲了，你总结的'收敛—突破—扩张'太抽象。从抽象变具象，还得借鉴常见的技术分析理论。通常情况下，技术分析一般使用区间运动对应收敛；趋势运动对应扩张。两者之间的衔接视为突破。"

一、区间运动训练教程的笔记

李总拿出了区间运动的资料，说："悟空，你先学区间运动。"

悟空拿了资料，看了好几遍，做了如下笔记。

（一）区间运动的基本要求

区间运动有很多标准。李总给了一个最简单也最重要的标准。

如图 15-1 所示，在日 K 线图上有价值的区间运动，价格范围至少大于等于 15%。

（二）支撑线和阻力线

通常情况下，支撑线和阻力线是一组水平的平行线。两线在走势图的纵轴上构成一个特定的价格空间，该价格空间称为区间。

一个 N 字摆动，或是连续的多个 N 字摆动，下跌不能有效跌破支撑线，上涨不能涨过阻力线，就是区间运动。加入"有效"的概念，意味着允许价格短时间、小幅度在区间外运动。

实战中，如图 15-2 所示，支撑线和阻力线并不是线，而是一个小型区间。因此，支撑线可以认为是支撑区间；阻力线是阻力区间。

图15-1　区间结构的空间标准

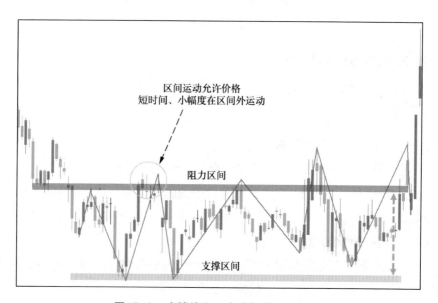

图15-2　支撑线和阻力线都是小型区间

（三）区间的形成

通常情况下，区间的形成源于一段趋势结束后，出现了复杂的调整。

如图 15-3 所示，依据 K 线图画出的折线图，能够更好地展示区间形成的细节。一段大型上涨趋势后，向下的回调出现了"顶顶低、底底低"的下跌 N 字摆动，随后向上的摆动没有突破前高继续上涨，这通常意味着要进行复杂的调整。

复杂的调整一般会形成区间运动。图15-3中的下跌N字摆动，其高点和低点形成了复杂调整的阻力线和支撑线。该复杂调整相对于前段上涨趋势，回调的空间相对较小，属于强势的复杂调整。同时，因为这段回调的空间相对较小，调整花费的时间较长。

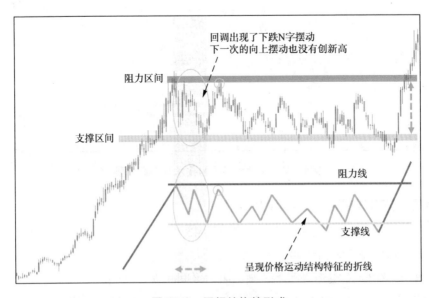

图15-3　区间结构的形成

（四）关键水平线

在K线图上，依据大致等高的摆动点能够画出很多水平线。绝大多数水平线只是临时性的支撑线或是阻力线。

在价格行为交易法中，关键水平线（Key Level）是指价格空间的关键水平分割线，具有重要的技术意义。

实战中，在任何一张走势图上，或是一段走势中，投资者都应画出关键水平线。确定关键水平线有以下三个标准：

第一，多次发挥支撑或是阻力的作用。

第二，价格碰线时，通常发生及时、相对大幅度的逆向运动。

第三，在走势图上，目测有明显的空间分割效果。

图15-4中画出了4条水平线。相对于其他3条水平线，关键水平线具有更重要的技术意义。

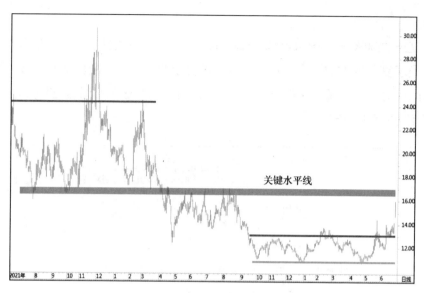

图15-4　关键水平线的技术意义更重要

（五）支撑线或阻力线附近的小区间

当市场进入支撑线或阻力线附近的小区间时，常出现反转信号K线，如图15-5所示。该技术的读图要点如下：

第一，在日K线走势图上，画出阻力区间和支撑区间。

第二，在日K线走势图上，找出小型区间对应的K线，一般为2～5根。

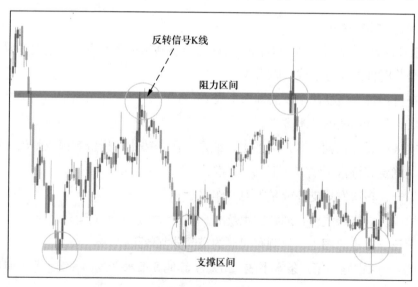

图15-5　支撑区间或阻力区间附近的价格行为

第三，在更小时间周期的 K 线图（例如 30 分钟 K 线图）上，画出日 K 线对应的形态。

（六）压力支撑互换

当价格向上运动，突破先前的阻力线后，先前的阻力线有可能会成为随后价格回调时的支撑线。当价格向下运动，跌破先前的支撑线后，先前的支撑线有可能会成为随后价格反弹的阻力线。这两种价格行为经常在走势图中出现，称为压力支撑互换。

如图 15-6 所示，图中画出了两种不同的折线。K 线左侧的虚线大折线，呈现的上升趋势是针对关键水平线的压力支撑互换。K 线右侧的实线小折线是运行中的一小段上涨趋势，期间不断出现压力支撑互换的价格行为。

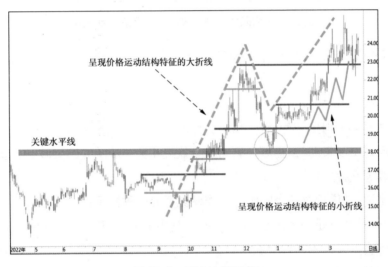

图15-6　压力支撑互换

二、实战的新方案新鲜出炉

悟空照着区间运动训练的教程，学练了好几天，收获挺大，兴冲冲地找到了李总。

悟空在会议室的大屏幕上打开图 15-7，说："上次您说的实战新方案，俺老孙弄出来了！

"俺老孙就用这关键水平线找位置。这个新方案有两个关键点。第一，大阳线要突破关键水平线。第二，回撤关键水平线附近时，找看多的反转信号 K 线或者小型底部形态。

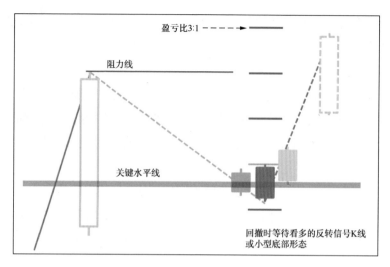

图15-7　大阳线突破关键水平线回踩交易策略

"交易流程上次就弄好了，没有啥要改动的。新方案俺老孙打算采用3：1的盈亏比。

"李总，您给指导指导。"

李总竖起大拇指夸赞道："悟空，你的新方案一般被称为'大阳线突破关键水平线回踩交易策略'，挺好！它常见于妖股和大牛股的底部突破。不过，止损价你打算怎么设置？"

悟空说："俺想过这个问题了。俺感觉要分两种情况：

"第一种情况是看多的反转信号K线是小K线，振幅小。这种情形的止损空间并不会太大，相对好处理。

第二种情形是看多的反转信号K线是大K线，振幅大。这样的情形就不好弄了，止损空间比较大。"

李总点评道："突破关键水平线的回踩，一般分为以下两种情形：

"第一种情形如图15-8所示，大阳线突破关键水平线后，简单回踩关键水平线后继续上涨。可以将这种情形视为一段上涨趋势。

"第二种情形如图15-9所示，大阳线突破关键水平线后继续冲高。随后回踩关键水平线时是一个相对复杂的调整。待调整结束后，再走一段新的上涨趋势。可以认为这种情形有两段上涨趋势。"李总接着说，"至于止损价怎么弄，关键要清楚你自己做的是什么行情。

"悟空，大阳线突破关键水平线，通常意味着一段相对较大的行情。你所有的交易规则要建立在这个前提下。"

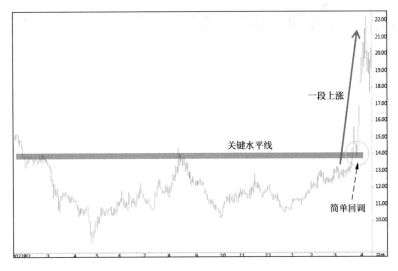

图15-8　大阳线突破后的简单回调

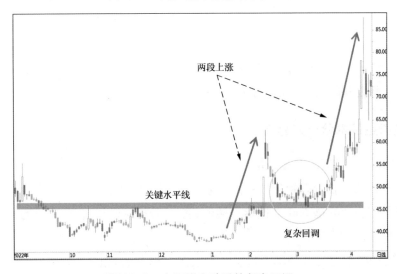

图15-9　大阳线突破后的复杂回调

悟空说："俺明白了：

"第一，大阳线突破关键水平线是个股进入强势阶段的标志，强势股必须首先符合这个技术标准。强势股的强势阶段，价格波动会大很多，应该把止损放大一点，止盈目标也可以看远一点。

"第二，回踩分两种情形。第一种回踩的时间短，第二种时间长。

"俺回去就按照这两种分类，好好验证验证。"

李总发现悟空又进入闭门自练的状态，不得不主动把他叫来。

李总问："悟空，你这几天在干啥？"

悟空答："俺在弄新的实战方案呀。"

李总回："那你说说吧。"

悟空道："没有啥好说的。大阳线突破关键水平线，俺最初认为是一种情形，差异只是 K 线大小。您却说有两种。这几天下来，俺老孙发现其实有三种。应该这样讲，突破后的情形分为两种。第一种是不回踩继续大涨，这样的应该算妖股。第二种才是我们讨论的突破后回踩。这种情形下又分为两种走势，一种是简单回调，走一段上涨趋势；另一种是复杂回调后，走成两段上涨趋势。

"俺认为，一个实战方案要去应对两种，甚至三种价格走势，不好弄！也不应该这样思考。"

李总说："这个问题你就先放放吧。我们继续按照你的技术分析框架图往前走，没准问题就解决了。悟空，你现在该学练趋势运动了。"

一、趋势是技术分析的基石

李总说："悟空，炒股不是赌博，原因在于价格运动有趋势。趋势是有方向性的持续运动。股价有趋势，就意味着不是完全意义上的随机漫步。价值投资派通过上市公司的基本面寻找趋势端倪；技术分析派则通过 K 线图上的价格行为发现趋势脉络。"

悟空一听李总又要分享干货了，赶紧掏出小本记笔记。

（一）趋势是市场价格运动的必然属性

无论是宏观经济学中的周期循环，还是微观经济学的企业生命周期，抑或是技术分析中的各种理论，都能够得出"趋势是市场价格运动的必然属性"的结论。

事实上，任何主体想要炒股赚钱，都必须依赖趋势。趋势的顶和底之间有足够的价差空间，这是所有市场赢家能够盈利的前提条件。

李总强调："悟空，你学练的目的是炒股赚钱；赚钱就必须靠趋势。你采用做多的交易模式，就要学练上涨趋势。对于你来说，所谓'有行情'就是有上涨趋势，'无行情'就是没有上涨趋势；'大行情'就是上涨趋势的上涨百分比相对较大；'小行情'则是上涨百分比相对较小。尽管这些看起来都是废话，但是，这些废话就是你在股市'擒牛捉妖'的基本原则。换句话说，无行情的个股不要看；有行情的个股要研判行情的大小。"

（二）学练趋势运动的关键点

李总问："用双色20均线做上涨趋势段的数据统计读图训练，就是图7-4，你现在还在练吗？"

悟空答："俺一直都在练，不能说每天都练，至少也是隔一天都会练一次。"

李总接着问："那你说说学练趋势运动的关键点。你不要再跟我讲突破，那是趋势的起始点。我问的是，趋势运动的这个阶段。"

悟空说："俺理解，您刚才讲了三个关键点：

"第一，俺主要学练上涨趋势。

"第二，要一眼就能够判断出是否有上涨趋势。

"第三，要尽早识别出趋势的大小，也就是判断行情的大小。"

（三）实战做的是局部行情

李总没有接悟空的话头，继续说："技术分析理论研究的目的是解释和预测所有的价格运动。在趋势运动中，理论派都会'摸底'和'猜顶'；受理论派影响的投资者就会试图'抄底'和'逃顶'。这都是不对的想法和做法。

"悟空，实战派的目的是'吃鱼身子'，买得慢一点，卖得快一点，尤其是中短线，做的是趋势运动中的局部行情。你记住了吗？"

悟空心想："李总今天怎么又话痨了？难道学练趋势运动真的有什么关节？"

李总似乎看见了悟空的小心思，说道："没有什么关节。一句话，学自己能够学会的知识，练自己能够练会的技能。实战中，找自己看得懂的行情，做自己技能可以把握的局部行情。

"股市有几千只股票，每天都有你看得懂的个股行情，这是炒股最大的优势。"

悟空说："李总，俺懂了。

"趋势理论和技巧的知识点很多，也很繁杂，有些可能还相互矛盾。您也不知道哪一些适合俺老孙，就不停地打预防针、敲警钟！让俺不要为了学习而学习。

"俺今天理解您的意思是这样的：

"第一，炒股赚钱的关键是趋势。现在终于要学练最核心的内容了，俺老孙真的很开心。

"第二，您担心俺贪多嚼不烂，学偏了。那俺就多找您几次。

"第三，俺学练的是短线做多交易模式。因此，俺做的就是一段趋势的局部行情。"

李总说："唉……学练趋势运动，知识和技巧是其次的，关键在'练心'。幸好你是一只石猴子。"

二、趋势运动训练教程的笔记

李总深知，真正学练好炒股技能，自学能力非常重要。他把趋势运动的训练资料给了悟空，让悟空自己先学先练。

悟空打开资料一看，发现趋势运动的知识点比区间运动多了不少，他也没有着急，花了两天的时间学习资料，并做了如下笔记。

（一）下降趋势和上涨趋势

趋势是有方向的价格运动。从这个基本定义出发，自然就会产生一个问题，什么样的价格运动才会具有明确的方向性？

图 11-3 使用三段相邻的摆动定义了 N 字结构，并分为以下三种类型：

第一种，"顶顶高、底底高"结构，称为上涨趋势。

第二种，"顶顶低、底底低"结构，称为下降趋势。

第三种，三段摆动的顶底，没有明显的高低关系，称为横向运动。

使用三段摆动，只有两个顶和两个底。在很多情况下，三段摆动的方向性并不明确。艾略特波浪理论采用了驱动浪和调整浪的概念，在很大程度上解决了这个问题。

艾略特认为，相邻五段摆动形成的驱动浪，随后是三段反向摆动的调整浪。在这样的结构下，价格运动就会具备明显的方向性。

因此，通常情况下，具有明确方向性的趋势运动都采用五段摆动，或是大于五段摆动。在技术分析中，考虑到趋势运动的前面通常是价格摆动，因此，第一个高点记为 SH，第一个低点记为 SL。

以这两个点为基础，如果市场随后不断地形成更低的低点（LL，Lower Low）以及更低的高点（LH，Lower High），便使用 LH 和 LL 对下降趋势做标记，如图 16-1（a）所示。

如果市场随后不断地形成更高的高点（HH，Higher High）以及更高的低点（HL，Higher Low），便使用 HH 和 HL 对上涨趋势做标记，如图 16-1（b）所示。

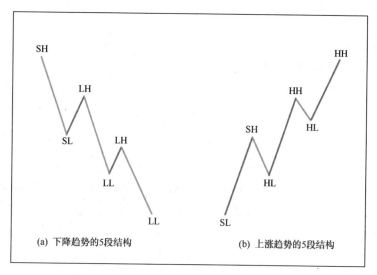

(a) 下降趋势的5段结构　　(b) 上涨趋势的5段结构

图16-1　下降趋势与上涨趋势

（二）下降通道和上涨通道

走势图上的趋势运动，常见为通道形态。如图 16-2 所示，左侧的下降趋势形成了下降通道，右侧的上涨趋势形成了上涨通道。

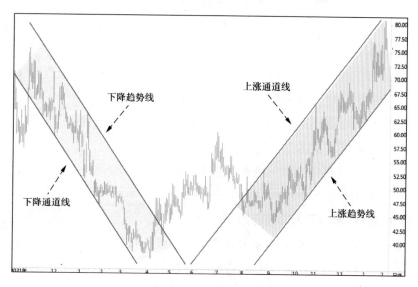

图16-2　下降通道与上涨通道

一般情况下，下降通道应包含相应时间内几乎所有的 K 线。需要注意的是，实战中，画下降通道辅助线，可以先画出下降通道线，再画出与之平行的下降趋势线。

事实上，在下降通道的运行过程中，往往会根据实际走势调整通道的两根辅助线。

上涨通道与下降通道相反，上涨趋势线在下，上涨通道线在上。

（三）上涨趋势的技术原理解构

上涨趋势的技术原理需要解答一个问题，为什么价格会明确向上运动？

借用艾略特驱动浪和调整浪的概念，在上涨趋势中，五段摆动向上，是驱动浪；随后三段的摆动向下，是调整浪。五段的驱动浪是"涨多"，三段的调整浪是"跌少"，数个"涨多—跌少"连接起来，必然呈现出上涨趋势。

图 16-3 是一张上涨趋势技术原理的解构示意图，主要包括以下五种要素：

第一，上涨通道线和上涨趋势线，两者构成了上涨通道，对照图 16-2 右侧的两条辅助线。

第二，图 16-3 中的上涨趋势由三段向上的实线和两段向下的实线组成，对照图 16-1（b）的折线。向上的实线的纵向空间大于向下的实线，构成了"涨多—跌少—涨多—跌少—涨多"的五段上涨驱动浪。

第三，每一段向上的实线由五段向上驱动浪的虚线构成；每一段向下的实线由三段向下调整浪的虚线构成。驱动浪和调整浪的结构保证了向上的实线的纵向空间大于向下的实线，也就是"涨多—跌少"。

第四，图 16-3 中六个圆圈是五段实线的摆动高低点，同时也是画趋势线和通道线的标准点。

第五，最下面的水平虚线与趋势线的夹角 α，可以衡量上涨趋势线，或是上涨通道的倾斜角度，从而判断该上涨趋势的强度。

总的来说，在图 16-3 中的上涨趋势分为了三种趋势级别：

（1）上涨通道对应的上涨趋势。

（2）五段实线对应的次一级驱动浪或调整浪。

（3）实线内部的虚线结构是更小一级的价格运动。

（四）上涨趋势的三大价格行为

上涨通道是上涨趋势的重要形态之一。但是，按照"顶顶高、底底高"的定义，走势图上的上涨趋势并不总是通道形态。

实战中，几乎所有的上涨趋势都会在走势图上呈现三种价格行为，如

图 16-4 所示。

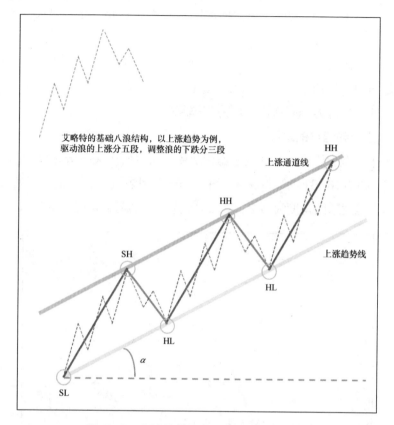

图16-3　上涨趋势技术原理的解构示意图

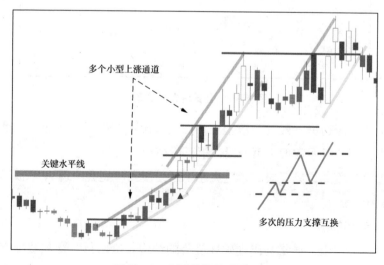

图16-4　上涨趋势的价格行为

第一种价格行为是突破某一条水平线，或是向上突破一个明显的价格区间。例如，图16-4中的向上三角形对应的K线，这是一根突破关键水平线的大阳线。

第二种价格行为是出现通道形态，既可以是图16-2所示的标准上涨通道；也可以是图16-4中的多个小型上涨通道。

第三种价格行为是多次出现压力支撑互换。

（五）上涨趋势线的角度

在多个小型上涨通道构成的上涨趋势中，可以使用夹角 α 衡量各个上涨通道的强度。如图16-5所示，从左往后看，第一个小型上涨通道的角度为 $\alpha1$，第二个小型上涨通道的角度为 $\alpha2$，第三个小型上涨通道的角度为 $\alpha3$。

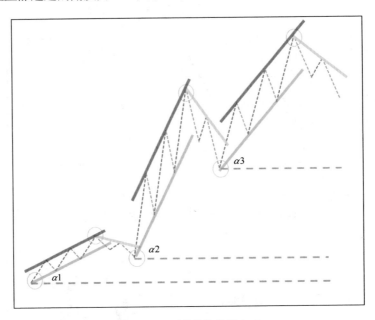

图16-5　上涨趋势线的角度

典型的上涨趋势一般有三段上涨。一般情况下，在三段上涨中，第一段的角度较小，第二段通常大于第一段，第三段小于第二段。

如果第二段或是第三段的角度大于75°，很大可能会出现A字顶形态，如图16-6所示。

（六）趋势的破坏

一段趋势结束，通常会出现破坏趋势的结构。价格行为交易法中有一种聪明钱交易法，可以较好地阐述趋势持续和破坏的技术原理，以及演变过程。

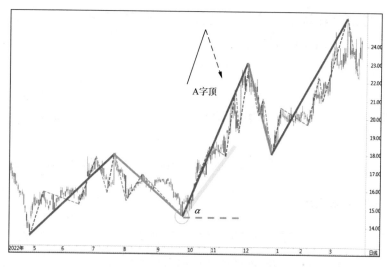

图16-6　上涨趋势的大角度与A字顶

BOS(Break of Structure，结构突破)是指顺趋势方向的新低，或是新高，意味着对趋势内部整理结构的突破，趋势持续。

CHOCH(Change of Character，性质改变)是指反趋势方向的新高，或是新低，意味着趋势结构的破坏。

以下降趋势转上涨趋势为例，如图 16-7 所示，"顶顶低、底底低"要转化为"顶顶高、底底高"。图 16-7 中左下角的 BOS 是下降趋势的持续，出现了更低的低点（LL）。随后的反弹，超过了相邻最后一个高点（LH），形成了更高的高点（HH），破坏了下降趋势的"顶顶低"，这样的价格行为就是 CHOCH。

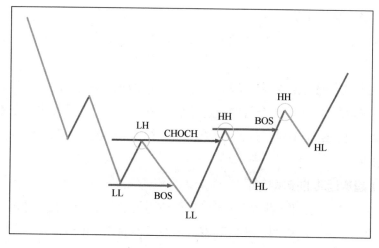

图16-7　趋势结构的持续与破坏

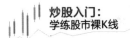
当 CHOCH 出现后，随后的价格运动有以下三种可能。

第一种，随后的回调没有创新低，而是出现了更高的低点（HL），并创出新高（HH），出现了 BOS，价格结构就转化为了"顶顶高、底底高"的上涨趋势，如图 16-7 所示。

第二种，回调创新低，出现 BOS，则下降趋势延续。这意味着前面的 CHOCH 失败。

第三种，回调不创新低，同时也不创新高，下降趋势转化为区间运动。

三、李总的讲解和示范

悟空拿着培训资料和笔记学练了好几天，感觉有点费劲，就去找李总。

李总说："悟空，你先讲讲这次的培训资料吧。"

悟空说："这次的资料学着真有点费劲。

"第一，这堆资料偏理论。俺老孙认为，上涨趋势就用'顶顶高、底底高'，足够了。

"第二，案例的时间周期有点长，运行时间都在半年以上。这个时间周期与俺要练的短线交易不合拍。"

李总点评："你以前主要学练的是收敛。但趋势运动是扩张，跟你以前学练的内容不一样。悟空，你学练趋势运动要从实战出发，牢记趋势方向、趋势阶段和位置这三个重要概念。"

（一）趋势运动的时间周期

李总接着说："图 16-3 中，一个上涨通道由五段实线摆动构成；每一个向上的实线有五段虚线，向下的实线有三段虚线，总计就是 5+3+5+3+5，共 21 段虚线。

"在日线走势图上，如果一段虚线对应一次摆动，假设一次摆动为 4 天，21 次摆动对应就是 84 天。一个月的交易日按照 20 天计，84 天大致就是 4 个月的交易天数。84 天，4 个月，这两个数你先记住。意思就是真正的趋势运动，不会轻易结束。"

（二）趋势运动的技术特征

李总说："悟空，你现阶段学练趋势运动要关注下面这些技术特征：

"第一，形态学研究的是收敛形态，一般呈现为横向的区间运动。你可以把通道视为扩张的主要形态，是倾斜的区间运动。上涨趋势线等同于倾斜的支撑线；上涨通道线等同于倾斜的阻力线。

"第二，在绝大多数上涨趋势的早期，都会出现大阳线突破特定的阻力线。强趋势通常会突破关键水平线。

"第三，压力支撑互换是趋势运行的内在逻辑，必然会在走势图上呈现。

"第四，上涨趋势的'涨多—跌少'很大程度上，可以用驱动浪和调整浪的概念解释。落脚到实战，就是上涨趋势内部至少可以走三个小段。"

（三）趋势运动读图训练的要点

李总说："悟空，你要按照趋势运动的时间周期和四个特征，寻找典型的上涨趋势走势图进行读图练习，如图 16-8 所示。

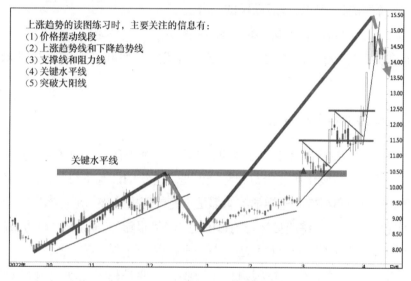

图16-8　上涨趋势的读图示范

"第一，画出明显的上涨趋势线，对趋势结构分段。

"第二，画出走势图上的关键水平线。

"第三，画出每一段小型上涨趋势完成后，调整段的下降趋势线。

"第四，找出突破关键水平线的大阳线。

"第五，由近及远，分析每一个小段中的压力支撑互换。

"第六，做未来行情的预判断。

"预判未来的行情时，可以借用艾略特波浪理论。以图 16-8 为例，该走势图从时间层面来说，大致可以认为驱动浪的五浪已经走完了前三浪，目前正在走第四浪的回调。待回调结束后，很大可能还有一段上涨。

"第七，按照自己的实战交易周期，模拟操作。在走势图上标注进场点、止损点和止盈点。标注完毕后，用动态读图法练几遍。"

悟空认真记完笔记，说："俺懂了。俺以后要做的行情是关键水平线突破后的趋势行情。接下来的读图训练有三个关键点：

"第一，以突破关键水平线的大阳线为分界点，左侧一定要有一个大型的区间结构；右侧要有强趋势特征，包括先前学练的知识点，例如大阳线、跳空等价格行为。

"第二，分清楚图 16-3 中，向上的虚线和向上的实线，这是两种类型的行情。向上的虚线是几天的短线，向上的实线是一个来月的中线。这两种分类就是俺先前琢磨的大阳线突破后回踩的内容。

"第三，读图要带着实战思维，练习买卖点。"

李总说："你先这样练吧。练熟了，再找大牛股和妖股的走势图做强化训练。"

四、趋势追踪的原理与方法

悟空见李总要赶自己走，赶紧说："李总，俺还有一个问题，您得指导指导。您一直说，炒股赚钱要跟对趋势。但是，您给的训练资料和讲解，都在讲趋势运动的识别和结构。这样学练的都是走完的历史趋势，是舍本逐末。

"俺老孙认为，学练趋势运动的目的是'趋势跟随'。俺说的'趋势跟随'是学练趋势运动运行阶段的应对方法。您给俺讲讲'趋势跟随'吧。"

李总说："悟空，你说得很对！……唉，主要是趋势运动的内容太多了，你的先学练基础的呀！

"跟随趋势的方法其实挺简单的。对于绝大多数人来说，无论是市场的牛市，还是个股的上涨趋势，最好的应对方法就是'持股跟涨'。具体来说，就是躺平不操作。

"但是，趋势跟随的应对方法太简单了。也正是因为太简单，绝大多数人倒视而不见了。操作技巧也一样，太简单了，倒不会做，也做不好了。"

李总接着说，"我刚开始学技术分析的时候，最大的错误就是把技术分析和实战混为一谈。后来，我琢磨了很久，才意识到原因是两者大致使用了同一套术语。

"悟空，你要有意识地强化训练自己，建立起技术分析是技术分析，实战是实战的概念，有效的方法就是主动做术语区分。"

李总最后强调，"趋势追踪和趋势跟随是两个概念。

"趋势追踪是读图分析，其目的是判断和预测；趋势跟随是实战操作，属于交易手法。使用趋势追踪时，自己是在做技术分析，要采用技术分析的思维框架；使用趋势跟随时，无论自己是否已经进场，都要采用实战思维模式，要与实战的交易流程和交易规则做对应。"

五、趋势追踪训练教程的笔记

悟空拿着李总给的新资料，美滋滋地开始学练趋势追踪。

（一）趋势追踪的技术原理

趋势追踪的技术原理可以采用威科夫价格循环模式。吸筹阶段和派发阶段之间的扩张运动视为趋势阶段。很明显，趋势起源于各种类型的收敛形态。

如图 16-9 所示为一个大型的上涨趋势。通常情况下，前接大型的吸筹阶段，终止于大型的派发阶段。

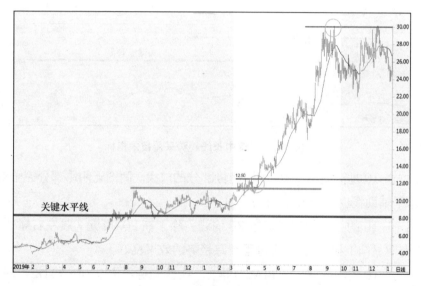

图16-9　趋势追踪的技术原理

图 16-9 中的个股，在两年时间内，价格从 4.00 元 / 股左右上涨到 30.00元 / 股，上涨百分比为 650.00%，可以归类为大牛股。

该股的关键水平线在 8.00 元 / 股左右。价格在关键水平线上方做了一个大约 6 个月的平台。

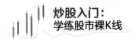
以突破吸筹区的蓝色阻力线为标准，视为大型上涨趋势的确认，并进入趋势追踪阶段。趋势追踪的结束点大致在派发区的上沿，也就是趋势顶部，参见图 16-9 中右上角圆圈。

单看这段上涨趋势，趋势追踪起点的价格大致为 12.50 元 / 股，结束点为 30.00 元 / 股附近，追踪阶段的上涨百分比为 140.00%，时间约为 6 个月。

（二）中长线趋势追踪的方法

追踪中长线趋势的工具，可以采用最常见的均线和 MACD 指标，如图 16-10 所示。

图16-10　追踪中长线趋势采用技术指标

图 16-10 是对图 16-9 的上涨趋势部分的放大。两图无阴影部分完全对应，四条水平辅助线也一一对应。

图 16-10 的主图使用了双色 20 均线。除了在 20.00 元 / 股左右短暂变色（但没有明显向下拐头），整个过程跟踪趋势的效果良好。

图 16-10 的副图使用了 MACD 指标。上涨趋势通常以 DIF 和 DEA 两条指标线在零轴上方，作为趋势追踪的标准之一。从第一个圆圈位置开始，DIF 和 DEA 两条指标线都在零轴上方。直到第四个圆圈位置附近，DIF 指标线才下破零轴。

（三）短线的趋势追踪

追踪短线趋势，主要使用趋势线和通道线，如图 16-11 所示。

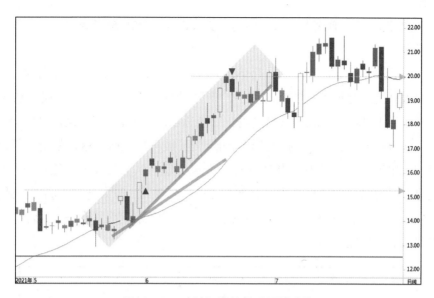

图16-11　追踪短线趋势采用辅助线

图16-11将图16-10的方框区间进行了放大。图16-11画出了两条上涨趋势线用于追踪短线趋势。

作为"追踪用的"上涨趋势线，一般采用最后两个相邻的低点连线。对应的通道线作为止盈参考点。图16-11中的上涨通道持续20多天。以左侧的向上三角形作为参考的买点，以右侧的向下三角形作为参考的卖点。该笔交易持股约14天，价格从15.50元/股左右到19.50元/股，上涨百分比约为26.00%。

六、悟空找李总讲道理

悟空看了几遍趋势追踪的训练教程，认真做完笔记后，感觉有点不对劲，就去找李总。

悟空说："李总，从4.00元/股到30.00元/股，一段上涨百分比达650.00%的大趋势。您却让俺从12.50元/股才开始做趋势追踪，就算追踪到最高点30.00元/股，才140.00%。俺认为不合理。您让俺学练短线交易法，650.00%行情，就做其中的26.00%，更不合理！"

李总笑呵呵地看着悟空嚷嚷，然后问悟空："那你觉得怎么样算合理？"

悟空顿时无语。

李总说："世人常说两句话，知难行易，或是知易行难。这两句话放在炒股上，都是错的。学练炒股，知是过去的知，行是未来的行。任何人看着已经走

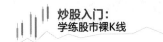

完的 K 线图，都知道该怎么做。但是，真实的交易做的是走势图右侧还没有出现的行情。

"趋势追踪原理简单，工具简单，方法也简单，为什么很少有人做对、做好？原因就是趋势追踪的实战过程中，走势图的右侧是空白。一只股票从 4.00元／股涨到 12.50元／股，价格高吗？"李总自问自答，"在关键水平线上方有一个长达 6 个月的区间结构，这个区间结构又被再次突破。这样的价格行为在走势图上出现后，我就不觉得12.50元／股高，还会认为后面很可能有一大段上涨趋势。没有这样的价格行为，我就会觉得 12.50元／股太高了，高得离谱。"

随即，李总打开图 16-12，继续讲："至于短线趋势跟随，做的就是一段干净利索的小波段。

图16-12　短线趋势交易的主动止盈

"悟空，你看图中这根突破左侧高点的大阳线，随后又是缺口型压力支撑互换，再次突破后几乎每天都创新高。持股 14 天，在通道线主动止盈，是很完美的操作。

"你再看图中的数据。如果不主动止盈，随后是一个持续 30 多天的喇叭形态，你的实际离场点有可能低于 19.50元／股。

"另外，如果你知道这只个股后面又跌到了 9.00元／股以下，是不是就不来跟我讲道理了？"

悟空再次无语，突然觉得炒股真的有点难。

李总看穿了悟空的心思，悠悠地说："唉，石猴子都要'练心'呀！何况人呢？"接着劝慰悟空道，"炒股其实也不难，要点就是找自己看得懂的行情，做自己的技能能够把握的局部行情。"

七、价格运动中的对称法则

一周后，悟空找到了李总，说："哈哈哈，俺老孙终于找到学练趋势运动的窍门了！关键点就是时间！

"老君，你看图 16-3，俺要做的就是两种行情，一种是向上的虚线，另一种是向上的实线。得把这两种行情分清楚了。

"首先，一段大型上涨趋势有三段向上的实线。第一段一般是突破关键水平线，随后要做调整，走第一段向下的实线。俺主要做第二段和第三段向上的实线。那怎么弄呢？俺老孙就主观认为，一段向上的实线大致走一个来月。时间不够，俺就认为这段实线没有走完。

"其次，只能做向上的实线中的向上的虚线行情，不能做向下的实线中的向上的虚线。俺老孙还是主观认为，一段向上的虚线走 3～4 天，就是一组大阳线。

"俺这样主观分类处理后，走势图就清晰多了。以后俺就专找这样的走势图练。

"但是，这样练了几天后，俺又有了一个新问题，请您指导指导。"

李总问："什么问题？"

悟空说："俺学练的过程中发现，趋势运动中，阶段性的高点和低点有一定的规律。但是俺总结不出来。"

李总说："你的新问题就是马上要学练的内容——价格运动中的对称法则。"

悟空大喜过望："原来价格运动中，阶段性高点和低点还真有规律呀！这就是捡钱攻略嘛！"悟空毫不掩饰地笑出了声，"嘿嘿。"

李总说："对称法则，用来判断阶段性的高点和低点，这只是一种经验性的技术分析方法，不是包赚钱的'圣杯'！悟空，你千万不能想偏了。要随时牢记交易没有'圣杯'。"

悟空说："俺记得没有'圣杯'，永远牢记没有'圣杯'。您就赶紧讲对称法则吧。"

李总白了悟空一眼，继续讲："华尔街古典时代的技术分析大师们，为了更好地解释和预测价格运动，借鉴了牛顿的力学原理，得出的主要结论是价格运动具备惯性和对称两大特征。以上涨趋势为例，价格运动将持续向上运动的惯性，直至遇到阻力迫使运动停滞或是改变方向。

"艾略特波浪理论在很大程度上解释了对称。回看图 16-3，虚线代表了最基本的价格摆动。假如每一段向上的虚线和向下的虚线的摆动空间数值都相等，自然就会呈现完美的上涨通道。

"价格运动的内部细节充满了各种形式的对称。形态学的两种主要测算方法，本质上也是采用了对称法则。再复习一下图 12-8。因此，价格运动在对称和惯性的作用下，通常会到达特定的空间位置。一般情况下，在上涨趋势左侧的下降趋势中，阶段性的顶和底，是随后上涨趋势的阻力位。右侧的上涨趋势中，阶段性的高点往往会与先前的某个阻力位大致重合。随后的调整运动，一般也会与先前的某个阻力位重合，这就形成了上涨趋势中的阶段性低点。

"通常情况下，对称法则会导致价格在运动过程中，出现多个价位接近的阶段性高点和低点，这也是水平辅助线的技术原理。"

悟空听了，兴奋之余又感觉不对，就说道："您这样讲，对称法则不就是'圣杯'嘛。"

李总赶紧回答："当然不是了。一段上涨趋势，左侧存在好多个阻力位，趋势运动本身也会有好多种对称关系。

"任何一张走完的 K 线图，谁都能一眼看出阶段性高点和低点，并且解释得头头是道。但是，正在运行的趋势却充满了不确定性，没有任何方法能够确定未来的阶段性高点或是低点。

"所以说，对称法则也应视为是一种工具，辅助炒股用的工具，绝对不是'圣杯'。"

李总接下来给悟空做了对称法则的示范。

（一）区间运动的对称法则

一般情况下，大型区间运动的上下摆动可以视为趋势运动，如图 16-13 所示。

图 16-13 中左侧的下降趋势结束后，后期走势为大型区间运动，有一段向上的摆动和一段向下的摆动。

向上摆动中的阶段性高点，主要参考左侧下降趋势中反弹高点，参见图 16-13 中左侧的四根水平双箭头线。

向下摆动中的阶段性低点，主要参考左侧向上摆动中回调的低点，参见图 16-13 中右侧的三根水平双箭头线。

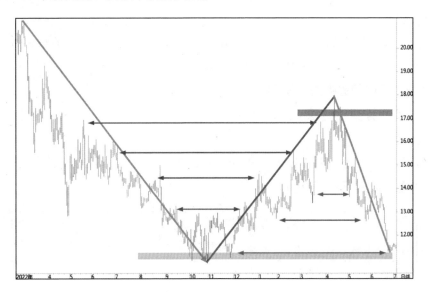

图16-13　区间运动的对称法则

（二）上涨趋势中的对称法则

一些上涨趋势在运行中会呈现明显的对称法则，如图 16-14 所示。

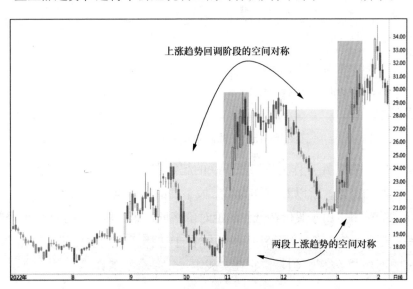

图16-14　上涨趋势中的对称法则

图 16-14 中，两段上涨的绝对数值大致相等，参见图中对应的两个细长的

色块区域。一般情况下，后一段的幅度会稍微大一些，会有前一段的120%左右。如果几乎完全相等，或是稍微小一点点，多数情况下很快就会开启向下的调整运动。

在上涨趋势中的回调段，对称法则不如上涨段明显。但是，在实战中也有重要的参考价值，参见图中对应的两个略宽的色块区域。

（三）下降趋势中的对称法则

下降趋势通常也会呈现对称法则，尤其是大型下降趋势，如图16-15所示。

需要注意的是，图16-15中有A、B两个反弹高点，第二段下跌的起始点是技术上重要的反弹高点。

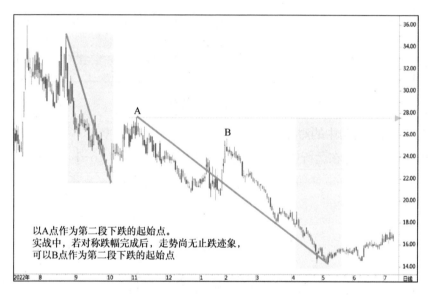

图16-15　下降趋势中的对称法则

实战中，先以A点作为第二段下跌的起始点。如果对称跌幅完成后，走势并没有止跌的迹象，就以B点作为第二段下跌的起始点。

通常情况下，由于股价在低位的绝对价格低，第二段跌幅往往会少一些。

悟空说："俺懂了。对称法则的关键在于选择适当的对比段。这是个经验活，真的不是'圣杯'。但是，它在实战中一定是个好工具。"

几天后，李总找来了悟空，让悟空讲讲最近学练的感受。

一、悟空学练技术分析的阶段性小总结

悟空说："俺最近是一会儿清楚，一会儿迷糊。主要原因还是知识点太多了，不好整合。俺现在特别想把这些知识点整合到一块儿。这两天有一个想法，您给指导指导。

"俺琢磨着，您教俺学练的技术分析知识，背后有一套逻辑。

俺先练 K 线和双色均线，是感性认知，让俺熟悉 K 线图，并且会用指标公式。接着练形态学，是让俺从单根 K 线到多根 K 线，练习看形态；同时掌握各种画图工具。这两步都是在打基础。

"从威科夫价格循环开始，俺认为这时候才正式学练技术分析。您教俺的所有内容，其实都是威科夫的价格循环。这个价格模式把价格运动分为了区间运动和趋势运动，您让俺分开学、分开练。

"总的来说，您教俺的方法，就是从局部到整体。这样的培训思路挺好的，但是也有一个副作用，就是俺现在的问题——不知道整体是什么。俺就一会儿清楚，一会儿迷糊。

"俺老孙现在有一个想法，也是读图的感性认识，觉得应该考虑时间因素。威科夫价格循环的技术原理示意图，主要内容讲的是价格。价格从吸筹阶段到派发阶段，再从派发阶段到吸筹阶段。

"俺老孙认为，威科夫同时也在讲时间，一段时间的吸筹之后，接一段时间的趋势，再接一段时间的派发。也就是说，大型区间后的趋势运动时间，会与区间运动的时间大致是同一个数量级，例如都是几十天，而不是几天对几十天的关系。

"这样处理后，俺老孙觉得，再去看区间运动和趋势运动，就清楚很多。"

李总说："悟空，你说得好！

"第一，你培训方案的内核就是从感性认知到理性读图，从局部到整体。技术分析的核心原理就是威科夫价格循环。培训的最终目的，就是在威科夫价格

循环的指导下，你能够独立确定一个或是几个交易价值高的特定的价格行为，画出对应的走势图，打造属于你自己的交易系统。

"第二，你用大致对应的时间段，作为整合区间运动和趋势运动共性的标准。这个思路很好，也很对。但是，实战中使用时间数值分析和预测行情，通常会过于偏主观，要谨慎使用。

"接下来，你就要学练突破了。威科夫价格循环是'收敛—突破—扩张'，对应走势图上就是'区间运动—突破—趋势运动'。"

二、突破交易的利与弊

"悟空，你现在怎么看突破？"李总突然问悟空。

悟空想了一会儿，在会议室的大屏幕上打开图 17-1，回答道："俺先前认为突破是最有交易价值的价格行为，因为就是买在了趋势运动的起爆点。但是，现在俺有了新的结论，突破后的突破更具有交易价值。

"以图 17-1 中第一个吸筹阶段的突破来说，图中标注的'②快速价格运动'是对吸筹阶段的突破，'③扩张前的准备'是突破后的回拉。这两个价格行为形成了三条水平线。

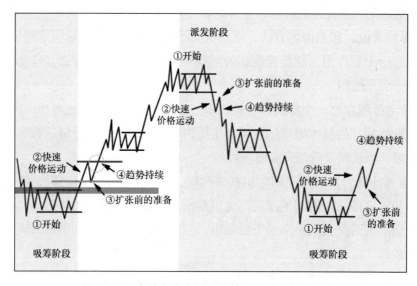

图17-1 威科夫价格循环中的"突破后的突破"

"可以将以吸筹阶段的高点画出的水平线，视为关键水平线。以'②快速价格运动'的高点画出的水平线，视为突破形成的阻力线。以'③扩张前的准备'

回拉的低点画出的水平线，视为关键水平线上方的支撑线。

"图 17-1 中的圆圈位置附近，是对突破形成的阻力线进行再次突破。俺觉得这个位置更具备交易价值，稳定性好。"

李总竖起大拇指夸奖悟空说："悟空，原来你一直都在偷偷研究突破呀！

"你现在的想法很有道理。任何一只持续半年以上的大牛股，在早期都会出现你刚才说的价格行为。并且回过头看，突破后的突破都是最佳的进场点。但是，突破意味着吸筹阶段横向运动的惯性改变，所以突破的成功率通常并不高。即使在你说的位置，同样存在很高的失败率。换句话说，你找的位置并不能提高你实战的胜算。相反，实战中可能买在一个阶段性高点。

"交易没有标准答案，所以我也给不了一个直接的结论。我们刚才讨论的内容，属于制定交易策略的范畴。这块内容是以特定的价格行为为基础，用逻辑构建具体的交易方法。前提是熟悉并掌握了特定的价格行为。"

三、学练突破价格行为的笔记

"悟空，突破是一种复杂、多变，并且蛊惑人心的价格行为。你先看看培训教程，练练再说。"李总示意悟空赶紧练习去，并递给他一沓资料。

悟空仔细学完培训教程的资料后，做了如下笔记。

（一）突破的四种基本类型

在价格运动从收敛转为扩张的过程中，价格穿越收敛形态的各种辅助线，这样的价格行为就是突破。成功穿越辅助线属于有效突破。穿越失败属于假突破。

归纳起来，突破有四种基本类型，即区间运动的有效突破、区间运动的假突破、趋势运动的假突破、趋势运动的真突破。

要理解突破的技术原理，需从收敛之前的扩张开始。收敛之前的扩张，既可能是一大段趋势运动中的一小段，也可能是一大段趋势运动的终结点。前一种情况的收敛，就是趋势运动中的持续形态，突破的方向一般是顺趋势方向，价格突破后将沿着趋势的方向继续运行。后一种情况，通常会出现两个方向的假突破，从而演变为复杂的区间运动。

图 17-2 在图 12-2 的基础上，重点对突破进行分析。

图 17-2 中的第二和第三个向上三角形都属于顺趋势方向的突破，突破之后市场继续上涨趋势。

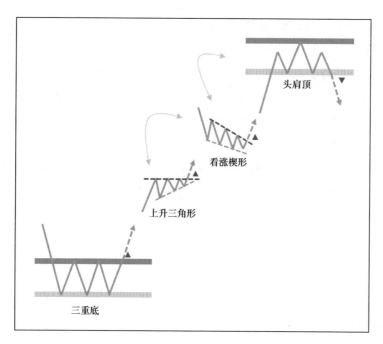

图17-2　价格结构与突破分类

而第一个向上的红色三角形，属于底部区间运动转为上涨趋势的突破。右侧向下三角形，属于顶部区间运动转为下降趋势的突破。这两种突破的方向都属于逆转。

从图17-2的原理图转换到K线图上，如图17-3所示。在个股的K线图上，底部区间通常会持续很长的时间。而趋势中的收敛形态，持续的时间相对少很多。图17-3中第一个向上三角形，属于底部区间的突破。第二和第三个向上三角形都属于顺趋势方向对持续形态的突破。

（二）区间运动有效突破的三种类型

先看区间运动突破技术的原理图，如图17-4所示。以上涨趋势为例，大致有以下六个技术要点。

①是上涨趋势段。

②是虚线，是上涨趋势中的调整。一般情况下，趋势的高点和回调的低点分别形成区间的上沿和下沿。

③是实线，代表了区间运动中的摆动。

④是向上的假突破。

⑤是向下的假突破。

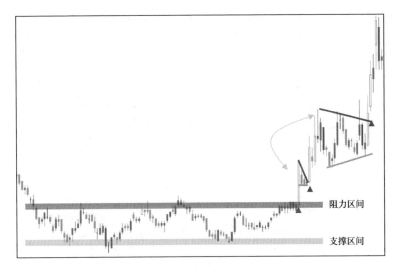

图17-3　突破的时间要素

⑥是真突破，即有效突破。有效突破通常是一个过程，其具体过程如图 17-4 右上角的方框内所示。

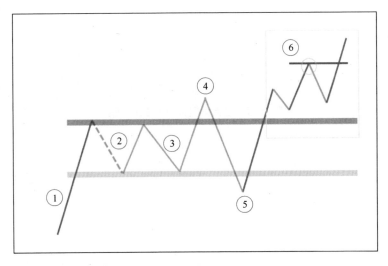

图17-4　区间运动突破技术原理图

通常情况下，区间运动会持续较长的时间。一般可以将图 17-4 中的方框⑥有效突破，分为如图 17-5 所示的三种类型。

类型 A 是常见的区间突破模式。价格先是小幅突破阻力线，随后就回踩一次阻力线。获得支撑后，再创出突破后的新高，再次回踩阻力线。转换到 K 线图上，如图 17-6 所示。

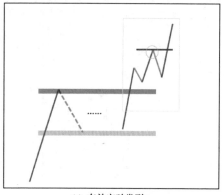

(a) 有效突破类型A   (b) 有效突破类型B

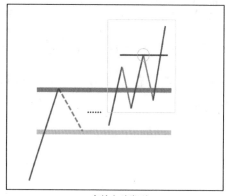

(c) 有效突破类型C

图17-5 三大类区间突破的原理图

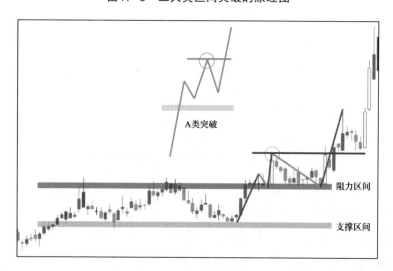

图17-6 A类区间突破

162

图17-6右侧对应了区间运动有效突破类型A，第一次突破阻力线的幅度很小，随后回踩的幅度也很小，大致在阻力区间。

A类区间突破有以下四个技术要点：

第一，突破阻力线后，在阻力线上方有一个上行N字，并创出突破后的新高。

第二，上行N字中的向下的摆动是第一次测试阻力线的支撑效应。

第三，上行N字创出新高后，价格回落，第二次测试阻力线的支撑效应。

第四，上述价格行为在阻力线上方，或是贴着阻力线的小区间完成。先前的阻力线突破后，成了新的支撑线，且呈现明显的支撑效应。

B类区间突破是强势突破，如图17-7所示。其技术要点有以下两点：

第一，突破后，价格远离阻力线。

第二，回调时间短，一般在创新高后的四天左右再次大幅上涨，并创出新高。

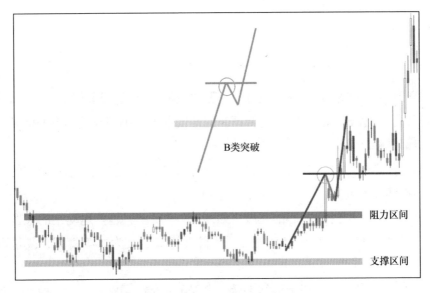

图17-7　B类区间突破

C类区间突破是相对弱势突破，如图17-8所示。这里所谓的相对弱势，仅仅是指突破的价格行为本身，与后续趋势运动的关联性不是很大。

图17-8的右侧就是C类区间突破，价格围绕阻力线做震荡，通常会形成一个持续形态。

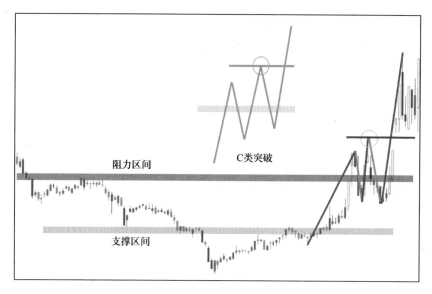

阻力区间

C类突破

支撑区间

图17-8　C类区间突破

（三）趋势运动中的形态突破

趋势运动中的有效突破是指持续形态的顺趋势方向突破。通常情况下，趋势运动中的突破要以形态学为参考。趋势运动中的突破分为以下三种类型：

第一种是小型收敛形态的突破。小型收敛形态是趋势运动的停滞，持续的时间很短。一般3～5天就会创新高。通常情况下，小型收敛形态的前后两段小趋势都是强趋势运动。

第二种是中型收敛形态的突破，一般会在走势图上呈现为相对典型的持续形态，持续2～5周。

第三种是大型持续形态的突破，如图17-9所示。趋势运动中的大型持续形态，持续时间长，空间相对较大，威科夫将其定义为再吸筹区，或是再派发区。

图17-10中，在一段上涨结束后，出现了复杂的调整，形成了相对长时间的区间运动。由于区间运动前接上涨趋势，该区间运动很可能是大型上涨趋势中的持续形态，走势图上呈现出底部抬高的价格行为。

对于做多的投资者来说，在任何大型区间运动中，出现顶部逐渐压低的价格行为，都是危险信号，如图17-11所示。所有做多的投资者都需要对此做强化训练，掌握辨识该价格行为的技能，因为这是最容易导致做多策略大幅亏钱的价格行为。

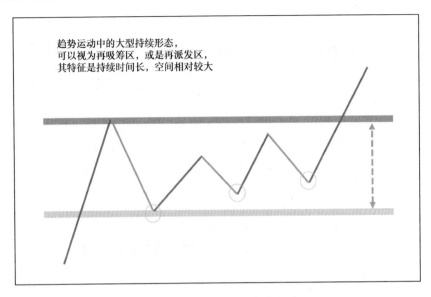

图17-9　大型持续形态的突破

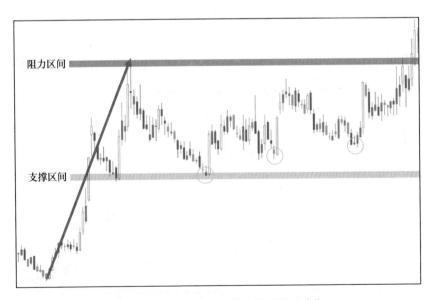

图17-10　大型持续形态中的"底底高"

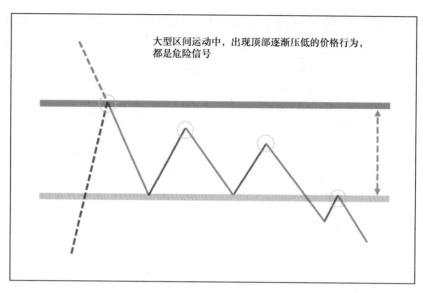

图17-11　区间运动的"顶顶低"是做多策略的噩梦

如图 17-12 所示，价格多次测试支撑线，尽管都获得了支撑，但是随后的反弹过程中，高点一个比一个低，走势图上呈现"顶顶低"。当价格跌破支撑线后，通常会出现急速且大幅的下跌。

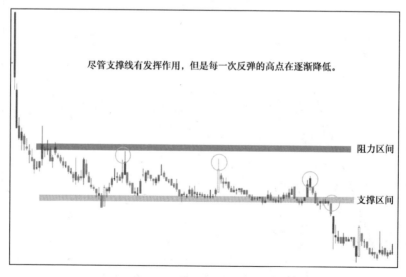

图17-12　大型持续形态中的"顶顶低"

（四）趋势运动中的突破方向

在上涨趋势的早期和中期，逆趋势方向的突破大概率是假突破，顺趋势方向的突破大概率是有效突破，如图 17-13 所示。

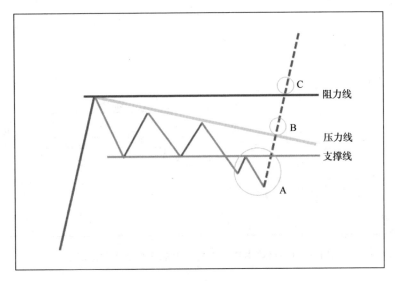

图17-13 趋势运动中的突破方向

位置 A 附近是逆趋势方向的突破，通常为假突破。

位置 B 附近是对回调压力线的突破，是顺趋势方向的突破，通常为有效突破。

位置 C 附近是对水平阻力线的突破，是顺趋势方向的突破，通常为有效突破。

需要注意的是，单看图 17-13 的原理图，视觉上与图 17-11 前接上涨趋势方面的情形有些类似。但是，这两张原理图并不一样，图 17-11 描述的是大型区间运动，图 17-13 是上涨趋势的早期和中期调整。两者的持续时间不是一个级别的。

如图 17-14 所示为上涨趋势在中期调整的尾声，出现了向下的假突破，随后价格迅速上涨。实战中，位置 A、位置 B 和位置 C 附近的价位通常是"上涨趋势中突破策略"高质量的进场点。

（五）上涨通道的突破

上涨通道的突破也称为变轨。成功的变轨意味着上涨趋势线的角度变大，趋势进入加速阶段，如图 17-15 所示。而失败的变轨，尤其是向下突破先前的趋势线，通常看跌，至少是阶段性看跌。

图17-14　趋势中突破交易策略的三个高质量进场点

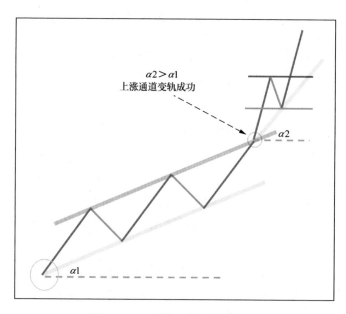

图17-15　上涨通道的成功变轨

从图17-15的原理图转换到K线图上，如图17-16所示。价格突破上涨通道线后，趋势进入了加速阶段。

（六）均线的突破

通常情况下，均线是趋势追踪最有效的工具之一。走平的均线，类似于水平辅助线。倾斜的均线，类似于趋势线。以均线作为辅助线，同样存在突破这种价格行为，如图 17-17 所示。

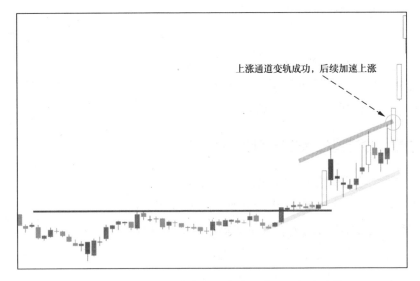

上涨通道变轨成功，后续加速上涨

图17-16　突破通道线后，价格运动进入加速阶段

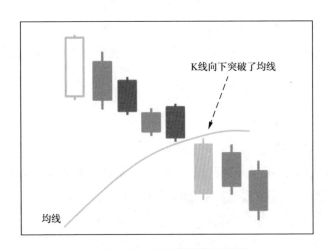

K线向下突破了均线

均线

图17-17　均线的突破原理图

实战中，均线的突破与特定的 K 线直接关联，通常以 K 线的收盘价为标准。K 线下穿均线，且收盘价低于当日均线数值，为下破，看空；K 线上穿均线，且收盘价高于当日均线数值，为上破，看多。

均线的突破往往会出现大量的假突破。甄别假突破一般采用以下两种方法：

第一种方法是看时间。通常情况下，穿越特定均线后持续 3T，算有效突破。图 17-17 中的 K 线（阴线或阳线均可）向下穿越了均线，随后两天未能向上穿越均线，可以视为有效突破。

第二种方法是看突破的 K 线类型。以向上突破为例，突破 K 线如果是看跌反转 K 线，或是小 K 线，假突破的可能性就相对较大。如果是突破大阳线，或是跳空突破，有效突破的可能性就相对较大。

悟空做完了十几页的笔记后，感觉收获很大，觉得自己对突破的认知上了一个新台阶，立即开始又学又练。

四、悟空，你还是技术分析理论爱好者呀

三天后，李总把悟空叫了过来，并让悟空先讲。

悟空说："老君，俺觉着这次学练的收获好大，嘿嘿。

"第一，俺这次看培训教程不迷糊了，很快就能够把技术原理图与 K 线图对上。俺总结的原因是，这次资料其实是对前面读图训练的总结和考核。俺前段时间练得刻苦，基本功扎实，所以上手就快。

"第二，培训教程把突破分为好多类型。俺老孙认为，所有的分类都要考虑时间因素。先看收敛形态持续的时间，再看突破本身用的时间。

"第三，这次给的资料中有好多结论，俺感觉挺有用的。俺老孙正在做历史验证呢。

"俺说完了。"

李总问："真说完了？"

悟空回答："真说完了。"

李总似笑非笑，唉了一声，说："悟空，要是按照先前的标准，你学得挺好，练得也挺好。但是，现在学练的标准不一样了。"

悟空一愣，赶紧问道："您说说，现在是啥标准？"

李总说："悟空，我先从头帮你梳理一遍。"

（一）悟空，你学练技术分析的真正目的是什么

"你跟着我学练炒股，目的是想在股市'擒牛捉妖'。换句话说，你是想在股市中炒股赚钱，而且是高效率地赚钱。"李总拍了拍悟空，语重心长地说，"在股市赢利，必须有一段趋势，有趋势就有底和顶。在不考虑趋势运行期间多次交易的情况下，价格波动的高点和低点之间的价格空间，是市场赢家可能赢利的最大数值。比如，一只个股从 20.00 元 / 股涨到 24.00 元 / 股，上涨的绝对数

值是 4.00 元。那么交易这段上涨，一次买卖赢利最多不会超过 4.00 元 / 股。"

李总开始帮着悟空梳理技术分析训练的知识框架，说道："在股市中预判可能出现的趋势，分为价值投资派和技术分析派这两大流派。你现在学练的是技术分析派。技术分析总结起来就是一句话，读图并预判可能出现的一段趋势。

"你主要采用日 K 线图做技术分析。你炒股赚钱的方法就是在日 K 线图上找出一段上涨趋势。高效率赚钱的方法则是要在日 K 线图上，找出一段短期内的上涨趋势。学练过程中，我们按照时间分为了短线（2～7T）和中线（8～21T）。

"因此，你学练技术分析的目的就是在日 K 线图上，能够找出两种特定的价格行为，一种是 2～7T 的短线上涨趋势，一种是 8～21T 的中线上涨趋势。

"很明显，你要找的这两种价格行为，都是走势图上价格运动的局部。更进一步说，是走势图上一大段上涨趋势中的局部，是局部中的局部。换句话说，你的读图训练，既要掌握价格运动的整体，又要掌握价格运动的细节。

"你的培训方案，是先从细节到整体，再从整体到细节的循环。从 K 线开始，接着是形态学，然后是趋势，这里的趋势就是整体。也就是说，K 线构成了摆动，摆动构成了三段 N 字结构，三段 N 字结构构成形态学，形态学加上扩张运动构成了趋势。这样学练下来，你就完成了从细节到整体的培训。"李总停顿了一下，继续讲，"但是，悟空，你还得学练一遍从整体到细节。具体就是威科夫价格循环，威科夫把价格运动分为横向的区间运动和纵向的趋势运动，也就是'收敛—扩张'的循环。

"你这次培训是从整体到细节，反向再走一遍。我看你并没有抓住这个关键点。

"投资者在已经走完的走势图上，都能够正确标注和解释，很少出现争议。但是，对于实战交易来说，投资者面对走势图右侧的空白，需要进行预判断啊。

"悟空，读图训练，用技术分析的知识标注和解释过去，这是先前的标准。你这次做得很好，没有来问我怎么画的问题。可是这次学练的重点变了。

"突破是什么？是区间运动转趋势运动的演变过程。学练突破，其实就是从整体视角找价格运动的关节点。

"细节是什么？我说过，你学练从 K 线开始，最终也是以 K 线结束。因为你实战的买卖点都会落脚到某一根特定的 K 线上。"

悟空心想："难怪李总不满意。俺老孙到现在为止，还是一个技术分析理论

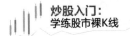

爱好者呀！唉……"

（二）突破的前因后果

李总接着说："悟空，你学练的是价格行为交易法中的这两种方法。一种是趋势跟随交易法，做的是区间运动和大型持续形态的有效突破，这是'擒牛术'。另一种是动能驱动交易法，做的是趋势运动中的有效突破，这是'捉妖术'。两种方法的关节点都是突破。

"按照威科夫价格循环，价格运动是'收敛—扩张'的循环，收敛是区间运动，扩张是趋势运动。连接收敛和扩张的位置就是突破。导入时间概念后，收敛对应的吸筹区和派发区是持续时间很长的大型区间运动，随后的扩张对应的是大型趋势运动。大型区间运动突破后，通常对应一段大的趋势运动，持续的时间长，空间也大。

"如果我们从右向左来看走势图，在不考虑 V 形反转的情况下，上涨趋势前面通常是接了一段区间运动。在该区间运动之前，再接一段趋势运动，可以是下降趋势，也可以是上涨趋势。也就是说，一段上涨趋势前面分为两种情况：

"第一种是'下降趋势—区间运动—上涨趋势'，对应了底部的突破。

"第二种是'上涨趋势—区间运动—上涨趋势'，对应了持续形态的突破。

"如果我们继续从右向左来看第二种情形的走势图，总能找到可以定义为底部的区间运动。这样处理后，就能够找到底部突破。"李总在会议室的大屏幕上打开了图 17-18，跟悟空细讲底部的突破，"悟空，你看图 17-18 与图 16-7 似乎大同小异，但我们关注的时间点和技术要点却不一样。图 16-7 关注的是趋势结构的破坏，以及随后可能出现的趋势逆转。图 17-18 则把区间运动视为底部，关注的是底部突破。技术逻辑是底部有效突破后，必然接一段上涨趋势。技术要点是五个转折点的位置。

"在图 17-18 中，底部区间运动创出了反弹的新高（CHOCH），随后的回调不出新低，在区间运动中就形成了'顶顶高、底底高'四段摆动。根据趋势惯性原理，随后的第五段摆动有较大概率创出新高，形成突破。

"基于上述技术逻辑，图 17-18 在时间上就分为三个阶段，分别是左侧对应的底部阶段，中间对应的突破阶段，以及右侧对应的突破后阶段。

"从图 17-18 的技术原理图转换到 K 线图上，如图 17-19 所示。由于底部持续的时间过长，随后的趋势运动容易出现幅度过大的情形。图 17-19 中的阻力线与技术原理图基本一致，CHOCH 的水平箭头线大致对应了关键水平线。市场在 CHOCH 出现之后，随即走出了'顶顶高、底底高'。"

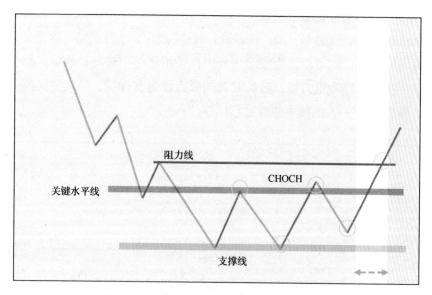

图17-18　底部突破交易策略的技术原理图

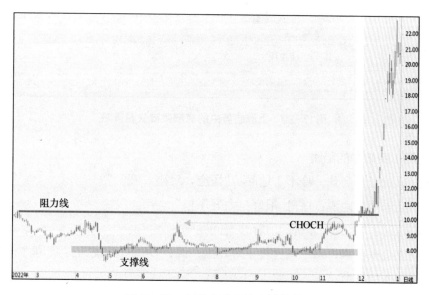

图17-19　底部突破后的上涨趋势

李总强调，"悟空，底部突破不用猜。任何人在最后一根 K 线的左下方，都能够看到一个大型的底部区间。需要注意的是，只要不是大牛市阶段，多数个股的上涨趋势都是底部突破，并受历史老顶和老底的压制，只有极少数个股才会创出历史新高。"

悟空心想："老君今天真够意思呀！嘿嘿。"

（三）上涨趋势中的底部突破

李总随即切换到图17-20，接着说："在实战中，'上涨趋势——区间运动'中的大型区间运动，也可以作为底部来分析，采用底部突破交易策略。把上涨趋势的第一次高点作为阻力线，随后回调的低点作为支撑线。后续的区间运动也可大致参照图17-18的技术原理进行标注。"

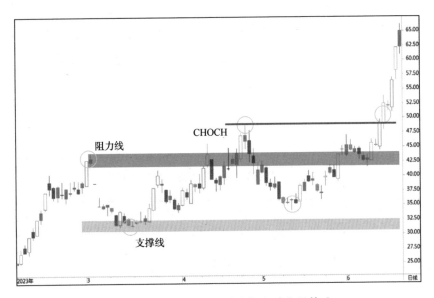

图17-20 上涨趋势中的底部突破交易策略

（四）突破中的陷阱

李总歇了一会儿，冷不丁地问："悟空，突破好吧？"

悟空乐呵呵地说："好！很好！太好了！"

李总说："那我刚才讲的内容，有问题吗？"

悟空心里一紧，脑子飞速转了好几圈，说："可能有问题吧。您刚才在讲整体，没有提到细节。"

李总最后切换到图17-21，说："对，悟空，刚才我们整体讲完了，下面再回到细节。

"底部突破并不总是像图17-18的常见模式，也可能出现各种变形。你看图17-21中，底部出现CHOCH后，却创出了新低，在小型区间运动中，形成了先向上假突破，再向下假突破。实战中，两个假突破的位置一旦处理不好，目测就会有5%～8%的止损。而且是刚刚止损之后，市场的走势转而如同先前的预判断一样上涨，假突破之后的大幅上涨就是实战中的陷阱啊。

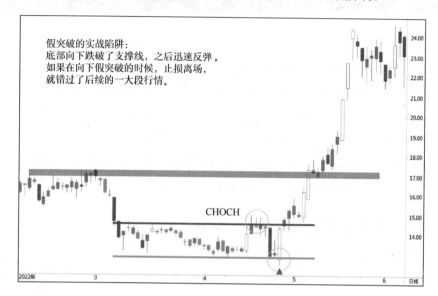

图17-21　底部突破的实战陷阱

"悟空，你现在学练突破，得看到这样，才算落脚到了细节呀！"

第一次被李总批评，悟空的脸上有点挂不住了，说："突破阶段，一根K线的振幅少说也有几个点。实战中，差之毫厘，谬以千里。俺知道该怎么练了。整体主攻底部突破，细节落脚到K线。细节训练时，俺这次不光要读图，还要画图。画图不能只在软件上画，还得在脑子里画，在纸上画。"

悟空又练了好几天，主动去找李总。

悟空说："第一，俺这几天练整体发现，在图17-18中，底部突破CHOCH的五个转折点位置是关键要点，在走完的图上，一眼就能够看出来。但是，俺老孙做历史验证时发现，突破失败的也不少，比例更高一些。第二，从K线来看，突破阶段的单根K线，振幅都很大。实战中很容易出现多次5%以上的止损。

"俺总结起来就是一句话，进场时机不好把握。"

一、悟空，现在要用"时点"代替"位置"

李总说："悟空，你学练到现在，'位置'的问题大致解决了。简单来说，在已经走完的K线图上，你可以把突破阶段形成的关键水平线作为位置的分界点，之前是区间运动，之后是趋势运动。

"在区间运动中，区间上沿是阻力线，区间下沿是支撑线。趋势运动的研判要抓重点，复习一下图16-3，你要去主观研判当前的这段摆动是属于虚线表示的短线运动，还是实线表示的中线运动。

"但是，上述方法找出的'位置'通常是一个相对较大的区间，至少也是一个小型收敛的形态。

"实战中，解决这个难题就需要进一步明确'位置'的概念。事实上，交易中的'位置'并不单纯是空间概念，同时也是时间概念。

"做交易，进场点是特定的价位，这是空间概念。价格运动分为'上''平''下'三个方向。设置止损价就意味着我们主动排除了方向'下'，同时也约束了'平'的波动价格下限。

"但是，我们进场交易的是一段上涨趋势。所谓上涨趋势就是，个股的价格从当前的空间，当前的时刻向上运动，这就是时间概念。如果不是这样，那么我们就错了。"

李总随即在大屏幕上打开了图18-1，开始讲："悟空，从现在开始，你要用'时点'的概念替换'位置'的概念。

"在图18-1中，一段上涨趋势后，价格回调整理。在横向运动中，一组支撑线和阻力线形成一个价格区间，'位置'一般是指靠近支撑线附近的小型价格区间，参见图中的矩形色块。投资者依据'位置'进场，并在支撑线的下方设置止损价①，图中随后的价格走势击穿了止损价①，止损离场。

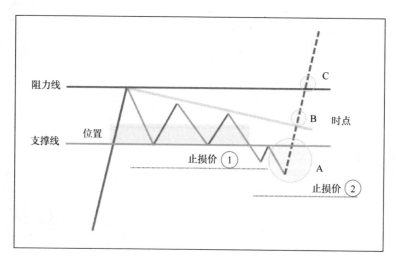

图18-1　位置与时点

"当价格的回调结束后，继续向上运动。以回调的最低点为参考，'时点'一般是指图右侧的位置A、位置B和位置C。依据'时点'进场的投资者，会在回调低点的下方设置止损价②，图中随后的走势不应触及损价②。"

悟空说："俺懂了，时点就是'买了就涨'的进场点。但是，老君啊，天下哪有这等美事呀！"

李总说："悟空，先不要贫嘴。从炒股赚钱的逻辑出发，是不是该用'时点'代替'位置'？"

悟空赶紧说："当然是，必须是。您赶紧讲吧，俺老孙肯定认真学、认真练。"

李总说："研判'时点'需要新学一些知识。你先学练成交量吧。"

二、量价关系训练教程的笔记

悟空知道培训进入了关键阶段，越发认真和勤奋。

悟空拿着李总给的量价关系训练教程的资料，做了如下笔记。

（一）先有量，后有价

通常情况下，价格做收敛运动时，波动幅度小，成交量也小，属于沉闷的价格运动。要打破沉闷，唯一的驱动力就是成交量。

如图 18-2 所示，当市场进入上涨趋势阶段后，趋势运动阶段的成交量明显大于区间运动阶段的成交量。

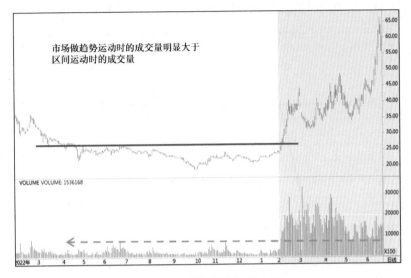

图18-2　价格运动与成交量

（二）成交量的读图程序

行情软件中，K 线图在主图显示，成交量在副图显示。在日 K 线图上，副图指标选择"VOL 成交量"时，通常显示的是当天的成交手数（100 股为 1 手）。成交量柱线的颜色与 K 线的阴阳对应，如图 18-3 所示。

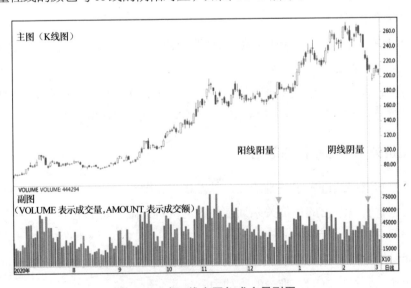

图18-3　裸K线主图与成交量副图

查看成交量，第一步是弄清楚 K 线图的价格走势，如图 18-4 所示。通过对 K 线图的走势进行分段，观察整体量价关系，明显呈现上涨放量、回调缩量的特征。

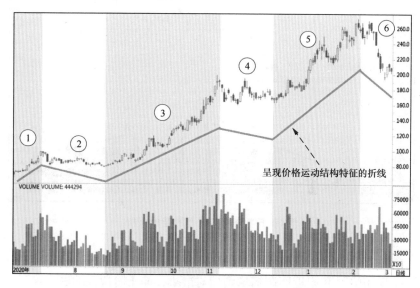

图18-4　K线图上价格运动的分段

参照折线示意图，图中有六段走势，①③⑤是三段上涨，②④⑥是三段回调。这段上涨趋势的价格大致从 70.00 元 / 股上涨到了 260.00 元 / 股，涨幅超过 270%，属于大牛股的一段上涨趋势。

第二步是分段分析和对比，如图 18-5 所示。

上涨趋势中，"上涨放量、下跌缩量"为量价配合的正常走势。

阶段①上涨放量，阶段②下跌缩量，①②构成的"上涨—回调"走势正常。

阶段③上涨放量，阶段④下跌缩量，③④构成的"上涨—回调"走势正常。

阶段⑤上涨第一小段放量，第二小段是缩量，"上涨"不正常。阶段⑥下跌段的成交量大于⑤的第二小段上涨，"下跌"不正常。⑤⑥构成的"上涨—回调"走势不正常。

③的量大于①，正常。

⑤的量小于③，不正常。

（三）成交量与上涨趋势中阶段性的顶和底

通常情况下，在上涨趋势中，大量对应阶段性的顶，小量对应阶段性的底，高位大阴量也是阶段性的顶。

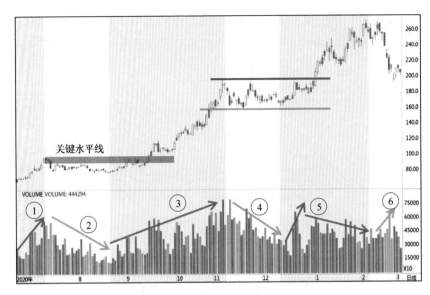

图18-5　分段基础上的量价分析

在图18-6中，位置A、位置C和位置D附近上涨放大量，属于阶段性的顶。位置B和位置E附近回调缩量到相对最小，属于阶段性的底。位置F附近高位大阴量，属于阶段性的顶。

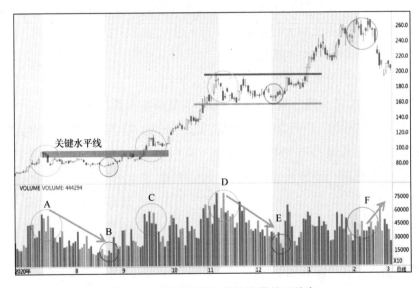

图18-6　阶段性顶和底的价量关系特点

（四）放量大阴线的阻力效应

通常情况下，几乎所有的放量大阴线都有明显的阻力效应，如图18-7所示。

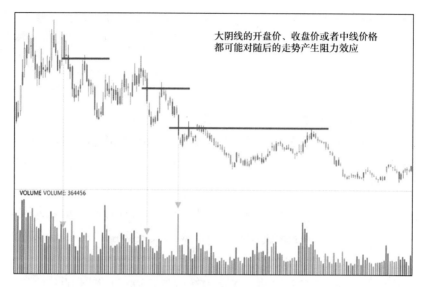

大阴线的开盘价、收盘价或者中线价格
都可能对随后的走势产生阻力效应

VOLUME VOLUME: 364456

图18-7　放量大阴线的阻力效应

阻力效应一般对应放量大阴线的开盘价、收盘价以及大阴线的中线价格。大阴线的中线既可以采用最高价与最低价的中线，也可以采用 K 线实体的中线。

三、李总的讲解和示范

第二天，李总把悟空叫来。还是新规矩，悟空先讲。

悟空说："第一，成交量真是一个好东西。底部突破不放大量，基本上就是假突破，不用看。

"第二，学练趋势运动的时候，您总强调三段上涨。俺老孙现在明白了，第三段的量能如果跟不上，或是放巨量，就要大回调。大回调是针对整个三段上涨的总回调，这种回调一般都时间长、幅度大。"

李总说："悟空，你先记一个结论，阻力位、对称位、高位……只要放巨量，实战中先卖出！"

（一）威科夫解释量价关系的内在逻辑

李总接着说："理解量价关系要从两个方面入手，一是价格运动的市场规律，二是投资者的行为。其中，市场规律是客体，投资者行为是主体。

"供需法则是最基础的市场规律，价格运动同样遵循供需法则。买方力量大于卖方力量，价格上涨；卖方力量大于买方力量，价格下跌；买卖双方力量均衡，价格窄幅波动。

　　"投资者都是市场的逐利者，并无绝对的买方立场或是卖方立场，一直都会在买方与卖方之间摇摆。短线投资者几天前是买方，几天后就会变成卖方；即使是长线价值投资者，也会在数年后转变买卖立场。投资者的买卖立场由预期决定。当投资者预期未来价格上涨，就进场买进，成为买方力量。当投资者认为未来价格下跌，就卖出离场，成为卖方力量。

　　"技术分析派的投资者，预期主要受走势图上的价格行为影响，并与其个人特质有关。在不考虑投资者个人特质的情况下，技术分析派投资者的预期由走势图决定。"

　　李总随即打开了图18-8，用威科夫理论具体进行阐述："悟空，威科夫理论认为，市场参与者的资金量有大有小，代表大资金的'庄'会通过自身的交易行为影响，甚至操纵特定交易品种的短期价格运动。换句话说，一定程度上，'庄'会在K线图上被动，或是主动留下痕迹，从而影响其他投资者的预期。

　　"威科夫价格循环模型中，引入了市场参与者，从而在很大程度上揭示了量价关系的内在逻辑，如图18-8所示。

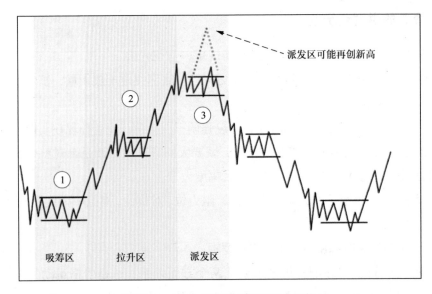

图18-8　威科夫价格循环的量价逻辑

　　"阶段①对应'庄'的吸筹区。市场大资金在吸筹区提供买方支持，价格止跌后做区间运动。阶段②对应'庄'的拉升区。市场大资金利用供需法则，主动把价格推高到派发区。期间走势呈现为正常的量价配合。阶段③对应'庄'的派发区。市场大资金在这个区间转变为主动卖方，从而导致市场真实的卖方力量大于买方力量。

"图 18-8 中的阶段②，尽管在技术原理示意图上只显示了两段上涨。实战中，派发区往往会再创新高，从而形成第三段上涨。威科夫认为，上涨趋势中的第三段上涨，本质上是'庄'的派发行为，必然在走势图上呈现量价不匹配的事实，参见图 18-4 中的第三段上涨。该事实也反证了市场的卖方力量大于买方力量，根据供需法则，随后大概率会下跌。

"接下来，威科夫还解释了一个更重要的问题，为什么小资金会在派发区买进？他的回答简单粗暴。大资金具备知识、信息和资金的三重优势，是'聪明钱'。小资金多数是感性投资者，按照'追涨杀跌'的本能做交易，是'笨钱'。

"威科夫认为，小资金的个体投资者只能且必须向'庄'学习，通过刻苦练习，掌握交易的专业知识和技能，跟随价格循环的节奏，才能实现炒股赚钱的目的，成为聪明的投资者。

"结论就是，个体投资者要在阶段②采取的操作，其技术特征就是正常的量价配合。"

悟空心想："威科夫老先生说得对！笨钱真的是笨呀！呵呵，这段时间，俺老孙系统学习，系统练习，正走在聪明投资者的路上呢，俺可得走稳了。"

（二）不合理的量价关系个股不要碰

"基于威科夫的结论，实战中量价关系不合理的个股就不要碰。如果是有效突破，投资者会在走势图上，首先看见区间第二段向上摆动创反弹新高，出现CHOCH 的价格行为，随后会看见第三段向上摆动突破阻力线，甚至突破更高的阻力线。"李总随即打开图 18-9，跟悟空细讲量价关系不正常的例子，"来看这张图，这段走势可以参考折线图，这是一段下跌后的区间运动。图中的第一段向上摆动就呈现了量价不正常的价格行为，反弹高点出现了放量大阴线。第二段摆动同样量价不正常。反弹创出新高的时候，成交量没有超过临近的前高，而是缩量出新高。第三段向上摆动无明显放量，相对前两次向上摆动，呈现缩量上涨的价格行为。

"考虑到第一段向上摆动的高点，出现了放量大阴线。这三次向上摆动均受到放量大阴线的压制。有读图经验的投资者，一眼就能够看出该个股走势的量价明显不合理，并且不会关注和交易。"

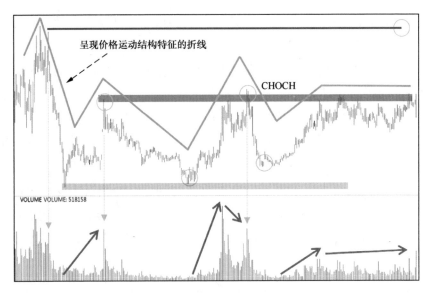

图18-9　量价不正常的价格行为

四、研究个股量价关系的指标公式

悟空接着说："李总，既然量价关系这样重要，您就给俺老孙一个专门研究量价关系的指标公式吧。"

李总给了悟空一个名为"成交量研究"的指标公式，源代码如下。

```
{ 参数表有两个参数：N 和 M
N：换手率基准线，最小：0，最大：100，缺省：10
M：放量系数，最小：0，最大：10，缺省：1.5}
成交量：VOL，VOLSTICK；
换手率基准线：FINANCE(7)*N/10000，COLORC0C0C0；
HSL:=DYNAINFO(37)*100；
CON:=HSL>N；
STICKLINE(CON AND C<O,V,0,-1,0),COLORFF8000；
STICKLINE(CON AND C>=O,V,0,-1,1),RGBXB44600；
{ 倍量有 4 个条件：小于设定的换手率基准线，阳线，放量系数 (M)，收盘价大于 5 均 }
BL:=HSL<N AND V>REF(V,1)*M AND C>O AND C>MA(C,5);
STICKLINE(BL,V,0,-1,0),RGBXB44600；
```

李总打开图 18-10，给悟空讲公式的用法："成交量是对应 K 线的柱状图，个股的差异较大。使用'成交量研究'这个指标公式，要先根据个股调整参数。公式中，N 是个股突破大阳线换手率的调整参数；M 是放量系数的调整参数。

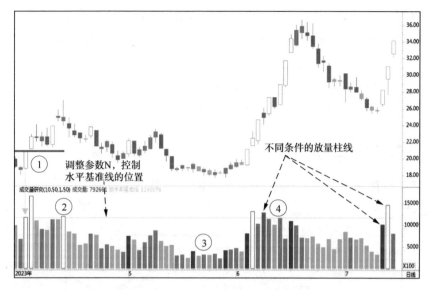

图18-10　"成交量研究"指标公式

"在副图中，正常阳量显示为橙色实心柱状图；正常阴量显示为绿色实心柱状图。

"位置①是一根涨停板突破大阳线，以当天的换手率作为换手率基准线。后续走势中，大于基准线的放量大阳线以空心柱状图显示；放量大阴线以蓝色实心柱状图显示，参见位置④。

"位置②是换手率基准线在成交量副图中的标注。

"位置③是在成交量低于换手率基准线的前提下，同时满足当天收阳线、成交量比前一天大，收盘价在5均线上方。满足这四个条件的成交量以深红色的柱状图显示。"

李总接着给悟空讲"成交量研究"指标公式的内在逻辑："基于前面的讨论，正常的量价配合有三个推论，并适用绝大多数的趋势运动。

"第一，一段上涨趋势中，相邻的两段上涨，后一段的突破阳量应大于前一段，至少应接近，不能明显低于前一段。

"第二，上涨趋势中的一段'上涨—回调'应呈现上涨放量，下跌缩量。

"第三，回调中，最低量前后是阶段性的底，随后上涨要相对放量。

"公式通过设置换手率基准线，主观确定了上涨趋势中的"大量"标准，从而能够在实战中做趋势追踪。

"同样以换手率基准线为标准，缩量的回调阶段，成交量必然在换手率基准线的下方，从而划定了回调阶段的粗略范围。换句话说，在换手率基准线上方，不存在回调的进场点；回调进场点对应的成交量必然在换手率基准线的下方。"李总强调，"悟空，你用这个公式反复练，练习一定强度后大致就能够掌握。但是，这个公式仅使用了量价匹配的三个推论，有其局限性。只能做研究、作参考。"

五、用成交量找时点的方法

李总接着说："悟空，我们现在就可以用成交量作为辅助工具找时点，如图 18-11 所示。

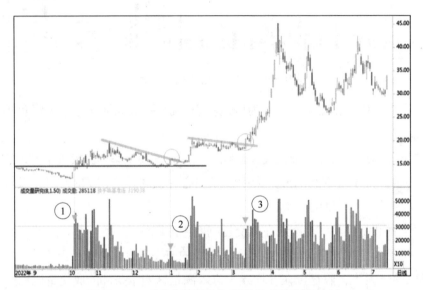

图18-11　"成交量研究"指标公式辅助找时点

"图中位置①是突破阳线的换手率，作为后续走势的换手率基准线。

"位置②是回调段突破下降趋势线，同时成交量对应深红色的柱线，可以作为实战进场的时点。

"位置③与位置②的技术原理一样。需要注意的是，位置③对应的深红色的柱线明显放量，接近换手率基准线，意味着买方力量迅速转强，后期可能有一段强上涨趋势。"

悟空听得津津有味，说："这个公式好，俺老孙得好好研究，好好练。"

李总赶紧再次强调："'成交量研究'指标公式仅仅是工具，只适合相对标准的上涨趋势。"

第19章　技术指标是捕捉精确时点的辅助工具

几天后，李总找来了悟空。

这几天，悟空一直忙着在走势图上探索"成交量研究"指标公式，反复琢磨李总强调的时点概念。

悟空知道自己要先谈学练体会，进门就直接说："第一，历史验证，实战中用'时点'代替'位置'非常重要。

"第二，'成交量研究'指标公式与个股的关系很大，每一只个股都需要调整两个参数。

"第三，即使采用了图5-12的方法找时点，效果还是有点差强人意。"

李总说："什么差强人意，你潜意识里就是想找'圣杯'。

"悟空，你要牢记，任何技术分析的理论、方法和工具，都不能覆盖所有的价格走势，都有局限性。但是，我们学练技术分析，确实也想更好地捕捉时点。

"我个人认为，上述两点不冲突，也不矛盾。"

一、技术指标的意义

李总说："悟空，你学练的是价格行为交易法。尽管很多价格行为的交易者都只看裸K线，但是，我认为你在股市'擒牛捉妖'，除了学练量价分析，还得听我给你讲些技术指标。

"20世纪下半叶，人类开始拥有越来越强大的计算能力。华尔街的聪明钱以极快的速度对古典技术分析理论进行了重大变革，技术分析跨进了指标时代。技术指标的英文是Technical Indicator，是指采用数学方法对历史价格数据和成交量进行数理分析，通常以图形化的形式呈现，从而更深入、更直观地解释和预测价格运动。

"相对于传统的K线图和成交量，投资者可以把特定的技术指标视为一种更抽象，更本质揭示价格运动某种特征的新型走势图。因此，对于技术指标有以下三个结论：

"第一，一种技术指标通常针对价格行为的某一种具体特征，有一定的局限性。

"第二，技术指标要使用历史数据，必然存在一定的滞后性。

"第三，技术指标的呈现方式简单直观，本质上则需要更高水平的读图能力。用好特定的技术指标，投资者既需要理解指标的算法逻辑，也需要大量的读图训练。"

悟空心想："李总才是一个技术分析理论爱好者呢。呵呵。"

悟空见李总又要讲嗨了，赶紧问："俺就关心一点，俺要学练技术指标吗？"

李总被打断话头，白了悟空一眼，说："技术指标嘛，说起来挺复杂；用起来嘛，会用的话，既简单又好用。你当然要学要练了。但是，你学练的是价格行为交易法，是聪明投资者广泛采用的交易理论和方法。价格行为交易法不使用复杂的指标，只用特定的指标做时点的辅助判断。你学练一下MACD和均线就可以了。"

李总把相关资料给了悟空，让他自学自练去了。

二、MACD训练教程的笔记

MACD（Moving Average Convergence/Divergence）是一种高级的均线技术，主要用于趋势追踪，同时也能够提供趋势中的摆动信息。

（一）什么是MACD指标

MACD英文直译的意思为"移动平均线的收敛与扩张"，中文术语译为"平滑异同平均线"。MACD通常作为辅助交易的副图指标，如图19-1所示。

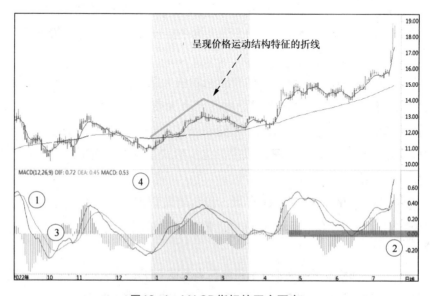

图19-1　MACD指标的四个要点

在图 19-1 中，色块阴影区间是一段上涨接一段回调，大致与 MACD 的一段红柱接一段绿柱对应。

（二）查看 MACD 指标的四个要点

①是两根指标线，转折运动相对更快的是 DIF，简称快线；转折运动相对更慢的是 DEA，简称慢线。投资者可以粗略把快线理解为短期均线，慢线为长期均线。尽管这是不准确的理解方法，但是实战中够用了。

②是零轴，以及对应的正负值纵坐标，坐标数值是红绿柱的数值。

③是红绿柱，零轴上方称为红柱，零轴下方称为绿柱。

④是 MACD 指标的重要数值。

MACD 的简单使用规则是：双线和柱体在零轴上方看多，零轴下方看空；双线金叉看多，死叉看空。

（三）MACD 指标与时点的粗略关系

系统自带的 MACD 指标中，红绿柱是"线"，投资者可以通过自编公式对其优化，这样能揭示更多的技术细节，改善 MACD 指标的滞后性。优化后的"MACD 柱状图"指标如图 19-2 所示。

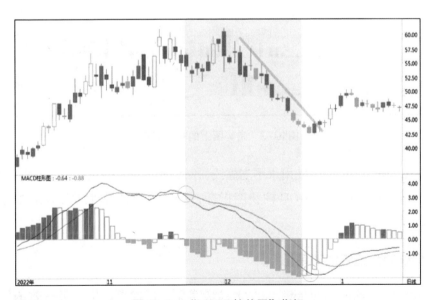

图19-2　"MACD柱状图"指标

优化的方法是把"线"改为"柱"，并与前一根柱体比较。MACD 数值同向增加为实体柱；同向减少为空心柱。实际上，通过炒股软件系统自带的 MACD

指标，查看 MACD 的具体数值，或是比较"线"的长短，也能实现同样效果。优化后的"MACD 柱状图"指标视觉上更直观。

上涨趋势中，快慢线死叉作为起始点，实心变空心为结束点，对应图中阴影部分，视为做多策略无进场机会阶段，从而获得粗略的时点。

实战中，场外的做多投资者，应在图中下方圆圈处才开始考虑是否进场。

（四）MACD 指标与时点的精确关系

通常情况下，投资者采用"1 个主图 +2 个副图"的三窗口个股看盘界面，"K 线图 + 成交量 +MACD"是最常见的组合，如图 19-3 所示。

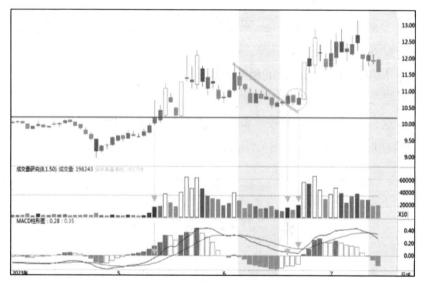

图19-3　走势图上的精确时点

在图 19-3 中，综合使用水平支撑线、回调压力线、修正后的看涨吞噬线、成交量研究指标以及 MACD 柱状图指标，能够锁定圆圈处三根 K 线的精确时点。

三、均线趋势追踪法的笔记

均线（Moving Average，MA）是最常见、最简单，也是最有效的技术指标。

（一）四均线（5MA+10MA+20MA+60MA）趋势追踪法

投资者一般采用四条均线做技术分析，如图 19-4 所示。图中的四条均线分别采用了 5MA、10MA、20MA 和 60MA。

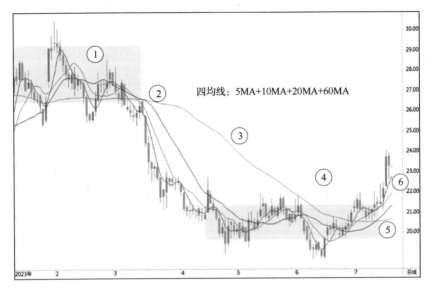

图19-4　四均线趋势追踪法

位置①附近，价格做横向运动，对应四条均线大致走平，成纠结状，称为均线纠结。位置④也属于均线纠结。

价格收敛到极致，四条均线的数值就会大致相等，称为均线粘合。通常情况下，均线粘合后就会打开，也就是选择方向，称为突破。对应图中的位置②，派发区向下突破。以及位置⑤，吸筹区向上突破。

均线打开后对应图中的位置③。均线打开之后，价格做趋势运动，四条均线的相对位置会增大，称为均线发散。发散后的四条均线，在下降趋势中呈现 60MA > 20MA > 10MA > 5MA，称为空头排列，K 线一般在均线下方运行。

而在上涨趋势中，发散后的四条均线，呈现 5MA > 10MA > 20MA > 60MA，称为多头排列，K 线一般在均线上方运行。

四均线趋势追踪法需要注意以下两点：

第一，20 均线对 60 均线的穿越视为区间运动与趋势运动的分界点，参看图中②对应的位置。

第二，进入趋势阶段后，只要 20 均线和 60 均线没有反向穿越，均视为空头或是多头排列。也就是说，在趋势阶段，允许 5MA、10MA 和 20MA 相互穿越。

（二）可调双均线（5EMA+双色60均线）指标追踪长期趋势

根据四均线追踪趋势法的技术原理，可以优化为可调双均线（5EMA+双色均线）追踪。K线图上从四条均线变为两条均线，如图19-5所示。

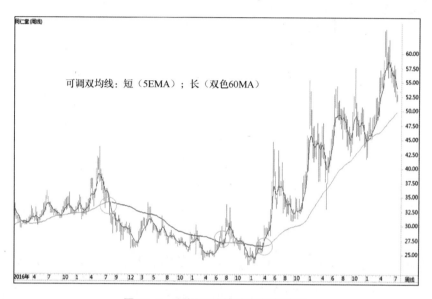

图19-5　可调双均线追踪长期趋势

由于EMA均线比MA均线的灵敏性高，能够更好反应价格运动的短期特征，短线追踪通常把5EMA均线作为最快的均线指标。

双色均线的"可调"，是指调整另外两条均线的数值，对某一条均线的多空状态进行不同颜色的显示，以便更好地适应不同个股、不同周期、不同阶段的价格运动。

图19-5中是个股的周线图，5EMA更好地呈现价格短期运动的细节，双色60均线呈现了价格运动的长期趋势。5EMA和双色60均线的相互穿越形成的金叉或是死叉，同样有效，参见图中的三个圆圈位置。

（三）可调双均线（5EMA+双色20均线）追踪中短期趋势

可调双均线（5EMA+双色20均线）追踪中短期趋势，如图19-6所示。

在日K线走势图上，5EMA的灵敏性能更好地呈现趋势阶段的细节，K线的最高价或是最低价更贴近5EMA。上涨趋势中，5EMA是支撑；下跌趋势中，5EMA是阻力。双色20均线一般能够呈现出中期趋势。

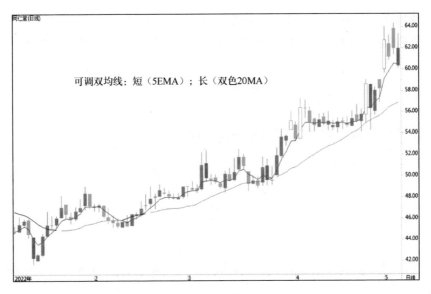

图19-6　可调双均线追踪中短期趋势

四、悟空找李总要新公式

悟空拿到培训资料后，学练了半天，就去找李总。

悟空说："第一，技术指标的确可以认为是一种新型走势图，配合 K 线图，效果很好。第二，可调双均线（5EMA+ 双色均线）做趋势追踪挺好用，您把公式给俺吧。"

李总把公式给了悟空，公式源代码如下。

```
{ 参数表有两个参数：N 和 M
N：双色短均线，最小 :0, 最大 :50, 缺省 :5
M：双色长均线，最小 :0, 最大 :200, 缺省 :20}
EMA(CLOSE,5),COLORFF00FF;
MAS:=MA(CLOSE,N);
MAM:=MA(CLOSE,M);
IF(MAM>MAS,MAM,DRAWNULL),COLORFF0000;
IF(MAM<=MAS,MAM,DRAWNULL),COLOR4080FF;
```

李总说："悟空，到今天为止，技术分析的知识点就学完了，你也练完了。"

悟空心里一紧，赶紧问："真的学完了？"

李总说："技术分析理论发展到现在，不说包罗万象，也是流派众多。单从知识点来说，你就是再学十年，甚至二十年也学不完。你以前在仙界的时候，每一个神仙都有自己的本事和宝贝，难道你要跟每一个神仙学，再把他们的宝贝都拿自己手上吗？

"悟空，不要有贪念，够用就好！"

五、悟空的个股看盘界面设置与读图程序

李总说："你综合练习的落脚点就是标准化读图。"

（一）标准化的个股看盘界面设置

李总接着说："悟空，你的个股看盘界面是'1主图+2副图'，如图19-7所示。

"第一，主图的K线图，大K线和向上跳空缺口特殊显示，均线使用'可调双均线'。

第二，成交量副图，使用'成交量研究'指标。

第三，技术指标副图，使用MACD柱状图指标。"

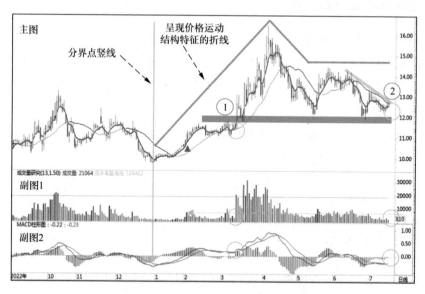

图19-7 悟空个股看盘界面三件套

（二）标准化的读图程序

李总接着说："对于选股公式筛选出来的个股，第一次读图的程序如下：

"第一，双色20均线看趋势，并对走势分段，画出分界点竖线。

"第二，判断分界点后的趋势。图 19-7 中的分界线之后，是一段上涨趋势接一段下降趋势后，正在做横向运动。上涨趋势大致从 10.00 元 / 股到 16.00 元 / 股，上涨百分比约 60.00%，满足了个股正常的上涨幅度。

"第三，画出分界点后的关键水平线，分界点后的下降趋势已三次测试关键水平线，且反弹一次比一次弱。

"人工筛选到第三步，就要下结论，该股不适合近期操作。

"但是，悟空，你初学乍练，应该同步分析一下历史走势，在筛选过程中复习以前学练过的知识点。"

接下来，李总让悟空自己讲讲图 19-7。

悟空说："俺最近读图喜欢同时使用'成交量研究'和'MACD 柱状图'两个指标。俺重点是学练上涨趋势，所以主要看从 10.00 元 / 股上涨到 16.00 元 / 股这段上涨趋势。

"第一，分界点后，双色均线是蓝色，俺就先不管。

"第二，双色均线变成橙色后，俺就找放量大阳线。就是副图 1 中水平箭头线对应的大阳量，以及向上三角形对应的大阳线。俺以当天的换手率，设置换手率基准线。

"第三，俺要找出关键水平线。在图 19-7 中①对应的圆圈位置，俺发现了一根相对精确的时点 K 线。随后放量突破，完成压力支撑互换，形成关键水平线。俺再次以突破放量大阳线的换手率作为新的换手率基准线，就是图中的情形。

"第四，之后就是趋势追踪。当双色均线变为蓝色后，确认鱼尾。

"第五，该股这段上涨趋势的上涨百分比超过 50.00%，俺老孙一般就不看后面的下降趋势了。

"第六，近期走势，尽管看着有支撑，但是如果没有出现放量大阳线，俺老孙不会看多。②对应的位置并不是一个好的时点观察区。

"老君，您给指导指导。"

李总说："综合训练的知识点庞杂繁多，消化吸收是一个过程。悟空，你是初学乍练，能够学练到这样，挺好！

"读图程序同样没有所谓的标准答案。但是，在读图训练中有意识地形成个人的读图习惯，也就是个性化的读图程序，这是高效率的学练方法。具体来说，先建立一个粗略的读图流程，后面随着经验的增加，逐步优化。

"悟空，读图程序没有标准答案，但是有标准。简单来说，读图就跟医生看病一样，要对病症下结论，开药方。合格的读图程序同样必须下结论、找时点。下结论，是指读图者必须对走势图上的历史走势下结论，完成解释过去。找时点，是指预判断未来可能的交易机会，是预测未来。"

悟空临走的时候，李总对他说："悟空，你回去后先休息几天，给自己放个假，空空脑子。后面的培训内容跟前面的不一样。前面是学练技术分析的知识点，是填鸭式培训，笨学笨练；后面是学练炒股赚钱的交易逻辑，主要是动脑子，要巧学巧练。"

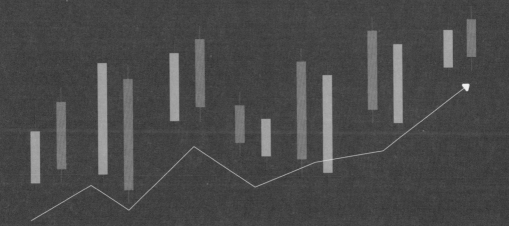

第 5 部分

学练交易策略

悟空确实给自己放了一个大假。先是回了一趟花果山，接着见了八戒和沙僧，最后专门找到了蓬莱三仙。

悟空学练到现在，知道只要带着止损单进场，炒股就不会有大亏损。悟空一直纳闷，三仙到底是怎么被股市伤害的？

悟空见了三仙，寒暄了几句，就直奔主题，问出了自己心中的疑问。

三仙顿时尴尬至极，憋出一句"不要听消息炒股"，就把悟空轰走了。

悟空出来后，直接找到了李总，进门就把见三仙的情形讲了一遍。

李总说："三仙炒股的事，我后来大致知道一点。悟空，你是知道的，我等仙界人物在股市都是没有任何神通的普通股民。三仙进场的时候，赶上了一波牛市，赚了一些钱。熊市来了就开始亏钱。亏完利润亏本钱，越亏越多，越亏越着急。病急乱投医，就跟着一个什么'大V'炒股，最后亏得只能回仙界了。悟空，不聊三仙的事了，我们谈正事吧。"

悟空说："三仙的事对于俺老孙来说，就是正事。俺得知道他们错在哪里，以他们为鉴。"

李总把脸一板，说："悟空，你我都是位列仙班，不能背后非议其他仙人。再说了，早就给你讲过华尔街备忘录的呀。我们还是说正事吧。

"悟空，现在主要学练交易策略和交易手法。这个阶段的学练，有两个前提条件。首先，假设你已经完成了足够强度的读图训练，系统掌握了技术分析的方法；其次，有足够强度的实战经验。你前一个阶段的培训，我认为你满足了这两个前提条件。在接下来的培训中，主要是采用科学思维，梳理出一整套适合你的交易方法，也就是交易系统。有了交易系统后，你就不断地执行，并在执行中优化。悟空，你加油吧！"

悟空赶紧拿出笔记本，开始记笔记。

一、股市交易策略的特殊性

交易策略是指一套规则清晰、可一致性执行的交易方法。股市不同于外汇和商品市场，需要选股。炒股的交易策略如图20-1所示。

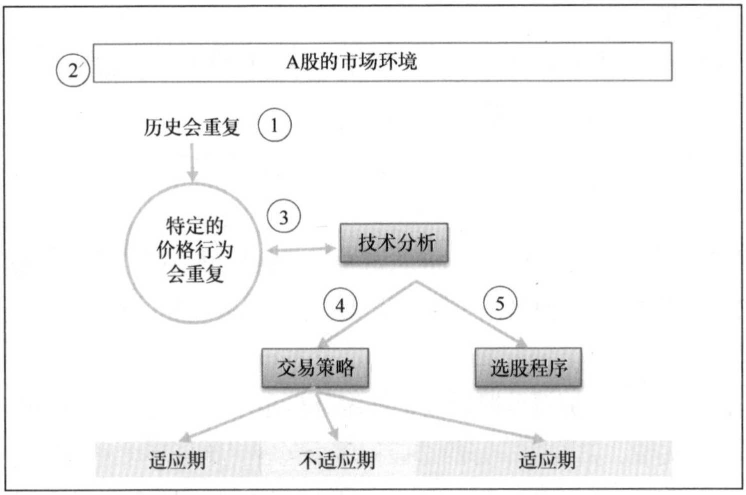

图20-1　炒股交易策略的逻辑

图 20-1 有两个隐含前提，第一，炒股是投资者与市场的主客体互动；第二，投资者是技术分析派中的价格行为投资者，是基于明确规则的主观投资者。

作为技术分析派的投资者，首先相信的是①，历史会重复。

②是①的必然推论，A 股市场中的价格运动遵循"历史会重复"。

③是①②两个条件的推论。A 股市场有特定的交易规则，例如涨（跌）停板等制度，历史会重复，就会呈现有 A 股市场特点的价格行为。在 A 股市场中，个股的价格运动既有普遍性，例如符合威科夫价格循环模式；也有特殊性，例如即使是最剧烈的扩张运动，通常也不会一天完成，而是要走好几天，甚至更长的时间。

④是技术派投资者在③对应市场环境下的应对方法——拟定交易策略。投资者用自身掌握的技术分析知识，识别和定义 A 股市场中具有交易价值的某种特定价格行为。在此基础上，投资者相信自己能够看懂这种特定的价格行为，并在个股交易中盈利。

⑤是实战中执行交易策略的前提条件和配套措施。投资者需要设计一套选股程序，从几千只个股中把可能适用特定交易策略的个股筛选出来，并从中确定不超过 10 只交易个股备选。

很明显，实战中执行某种特定的交易策略，必然受制于 A 股的市场环境，表现为适应期，或是不适应期。例如，突破型交易策略，大盘上涨阶段成功率最高，横盘阶段次之，都可以归为适应期；大盘下跌阶段，成功率就会明显降低，为不适应期。

事实上，在大盘非牛市的阶段，个股的分化极其明显。多数个股走横盘趋势，一些个股走下降趋势，还有一些个股走强势的上涨趋势。在这样的情况下，特定交易策略对应的选股程序，对交易结果具有更直接和更重要的影响，甚至发挥决定性作用。

悟空说："俺明白了，技术分析理论爱好者就是跨不过'拟定交易策略'这道坎。实战失败的技术分析派投资者没有跨过'选股程序'和'市场环境感知'这两道坎。"

李总说："技术分析派炒股赚钱，技术分析是基础，交易策略是抓手，选股程序是盈亏的关键。实战中，好的选股程序会包容'市场环境感知'这个因素。

"正常情况下，选股程序选出来的个股数量就直白地表明了市场的真实环境。例如，大盘上涨或是横盘，选出来的个股数量就会很多；大盘下跌，选出来的个股数量就会很少，甚至筛选不出来。"

二、交易策略的数学基础

李总接着说："悟空，有三个概念我跟你唠叨过无数遍：

"第一，股市有风险，也就是你买了股票后，股价可能会下跌，让你赔钱。

"第二，股市没有'圣杯'。既没有基本面的'圣杯'，也没有技术面的'圣杯'。

"第三，炒股赚钱靠的是小亏大赚，是一系列交易后的总结果。"

悟空说："李总，您就放心吧。俺看了无数张走势图，前两点早就搞懂了。第三点，尽管不是太明白，但是结论记脑子里了。"

李总说："今天我就跟你讲讲第三点的数学原理吧。

"数学期望是概率学的重要概念，数学期望是指事件在概率确定时最终发生的期望值。交易中，严格执行某种特定的交易策略，并大量重复，这样的事实适用于概率学，交易结果可以用数学期望的公式呈现。数学期望阐明了'小亏大赢'会长期盈利的数学基础。

$$数学期望 = 盈利 \times 胜率 - 亏损 \times 败率 \qquad (20\text{-}1)$$

$$盈亏比 = 盈利 \div 亏损 \qquad (20\text{-}2)$$

$$胜率 = (盈利次数 \div 总交易次数) \times 100\% \qquad (20\text{-}3)$$

$$数学期望 = (盈亏比 \times 胜率 - 败率) \times R \qquad (20\text{-}4)$$

"公式 20-1 是特定交易策略的数学期望。在做多策略中,盈利是指止盈价减去进场价的绝对数值;亏损是指进场价减去止损价的绝对数值。

"公式 20-2 是盈亏比,是指公式 20-1 中盈利与亏损的比值。在交易数学中,亏损的绝对数值用 R 表示,1 个亏损绝对值是 1R,2 个亏损绝对值是 2R。因此,盈亏比就可以用 R 的数值表示,例如 3R 的盈亏比就是 3:1 的盈亏比。

"公式 20-3 是胜率,是指盈利次数与总交易次数的百分比。败率加上胜率等于 1。

"需要说明的是,交易数学中数学期望值的计算都有前提假设。它们假设,特定的交易策略规定了具体的盈亏比,对应地,也就固定了止盈价和止损价。交易结果要么止盈离场,算胜;要么止损离场,算败。但是,现实中,很多人以单次交易是否亏钱为标准。不亏钱,算胜;亏钱,算败。这样的处理方式与理论上的数学期望不一样。

"理论上数学期望值为正,代表理论上该交易策略长期执行就会赚钱。公式 20-4 能够快速计算特定交易策略的数学期望理论值。例如,盈亏比 3R,胜率 40% 的交易策略,理论上的数学期望值是 0.6R。假设每笔交易均使用本金10000.00 元,单笔交易止损额是 1000.00 元,1R 就是 1000.00 元;3R 的止盈额为 3000.00 元,单笔交易的数学期望值就是 600.00 元。投资者可以期望,在理论情形下,每做一次交易盈利 600.00 元。"

悟空的数学底子不够好,做完笔记后,眼巴巴地望着李总。

李总安慰道:"悟空,数学期望是理论,你就牢记以下几点就可以了:

"第一,数学期望的公式中,假设了止损价和止盈价。这就是说,你要在实战中有'一进两出'的交易动作,而且是主动行为。

"第二,公式中,胜率是固定的。这个与炒股的实际情况也不一样,实战中,胜率跟市场环境有关。

"第三,赚钱的股票要尽量拿住。"

悟空说:"俺大致懂了。这个数学期望公式,其实强调了炒股的几个关键点。"

三、交易策略的理论验证

李总没有理会悟空,接着讲:"任何一种交易策略都会落脚到'一进两出'的三个价格,即进场价、止损价和止盈价。有了这三个价格,就能够与数学期望公式联系起来。

"悟空，这三个价格不是拍脑袋拍出来的，必须经过验证。

"公式 20-1 和公式 20-4 均表明，长期交易结果理论上与盈亏比和胜率有关，并假设特定交易策略的盈亏比和胜率均为固定值。这样的假设首先需要依据技术分析原理做理论验证。如图 20-2 所示，阻力线和支撑线构成了一个价格区间，价格空间数值为 h。根据形态学的测算方法，向上突破后，价格会上涨一个价格区间的数值，参见图中新阻力线的空间位置。

"基于区间突破这个特定的价格行为，投资者可以拟定对应的交易策略。图 20-2 中交易策略的规则如下:

"第一，在价格突破阻力线后，回踩阻力线时进场。

"第二，止损价是价格区间的上 $\frac{1}{3}$ 位置，即 $R=\frac{1}{3}h$。

"第三，止盈价设置在新阻力线的位置。该交易策略的盈亏比就是 $3R$，即盈亏比为 3∶1。

"该交易策略中的盈亏比设置，符合技术分析中形态学的测算方法，理论验证成立。

"但是，如果在上述设置中，把盈亏比设置为 $4R$，则明显违背了形态学的测算方法，理论验证就视为不成立。如果想要实现 $4R$ 的盈亏比，投资者只能把止损价调整为区间的上 $\frac{1}{4}$ 位置。"

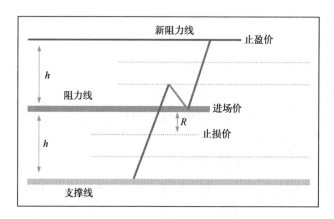

图20-2　交易策略的理论验证

四、交易策略的历史验证

李总接着说:"根据公式 20-1，盈亏比为 $3R$ 的交易策略，只要胜率超过

25%，数学期望值就会为正。图20-2中交易策略的历史验证是指大量的读图验证。人工验证至少需要200次以上的数据支持。

　　"悟空，下面的话要认真听。

　　"通常情况下，你认真做历史验证后很快就会意识到，价格运动的惯性法则非常强大，区间运动的绝大多数突破是假突破。

　　"基于可能出现胜率低于25%的历史验证事实，一些投资者就会加入额外的条件，例如突破时的换手率，或是突破阳线的当日涨幅，抑或是个股当时的板块属性……投资者自然就开始了优化交易策略的进程。

　　"交易策略优化过程与历史验证的循环，并不是一个容易的过程，需要投资者有丰富的读图经验和一定程度的实战经验。优化后的交易策略，事实上的落脚点是选股程序。"

　　悟空说："俺大致懂了：

　　"第一，很多基于典型价格行为的交易策略，理论验证都没有问题。但是，历史验证的结论往往并不乐观。这个结论，俺老孙绝对同意。

　　"第二，特定交易策略的优化过程，其实是在弄选股方法。"

五、交易策略的实战验证

　　李总继续讲："交易是主客体之间的互动，优化后的交易策略要进行实战验证，如图20-3所示。

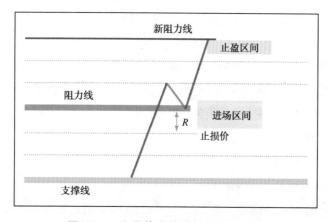

图20-3　交易策略的优化与实战验证

　　"通常情况下，实战中的进场价是一个相对较大幅度的进场区间；止盈价则是相对小一些的止盈区间，需要投资者主观决策。投资者应该利用多种技术分

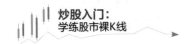

析的知识点，做实操技术细节的优化。

"实战验证同样需要足够数量的交易行为支持。因此，可以采用实战数据和模拟交易数值做验证。需要注意的是，一个交易策略的实战验证，需要持续足够长的时间，这样才能找出市场环境和选股程序对该交易策略的真实影响。"

李总讲完后，让悟空自己先琢磨琢磨，自己又去弄茶了。

六、悟空与李总的讨论

半个时辰后，李总回来了。

悟空说："俺老孙总算彻底搞懂什么是'基于规则的主观投资者'了。规则就是交易策略；规则怎么定，以及规则怎么执行，都是投资者的主观决策。其他的内容，需要您指导指导。"

李总说："交易策略既是方法论，又是聪明投资者具体的交易方法。悟空，刚才给你讲的主要是方法论，你给讲讲。"

悟空说："俺认为，交易策略是一个投资者掌握了读图技能后，必然会面临的问题。就跟俺现在一样，走完的走势图都会看，都能讲，但是，对于走势图最右侧还没有走出来的K线，真不知道该怎么办。

"交易策略这个概念挺好的，提出来'该怎么办'的问题。解决问题的思路也明确：

"第一，识别和确定一个特定的价格行为。弄清楚该价格行为在走势图上一系列的表现，包括起始段是什么样，中间段是什么样，以及结束段是什么样，也就是要有一张标准图。

"第二，根据该价格行为的技术特点，确定进场点、止损点和止盈点。在交易数学的约束下，通过调整三个位置，获得理论上的数学优势。

"第三，做交易策略技术分析的理论验证。

"第四，走势图上做历史验证。

"第五，实战验证。

"这五步的方法论看起来挺好，逻辑上也没有问题。但是，真弄，实在太难了！原因就是您一直强调的走势不确定性。前三步明明是挺好的交易策略，到了第四步的历史验证，马上就不好了。唉，俺老孙真是不知道该怎么办。"

李总见悟空唉声叹气，不得不先鼓励悟空，说："悟空，当年我也是这样走过来的。我刚才讲了，你有了交易策略的概念，又有'五步走'的方法论，就已经走在了成功的路上。

"历史会重复，但是不会一模一样地重复。你总结的交易策略'五步走'，本质上还是在技术分析中打转。

"我就告诉你结论吧，单纯使用技术分析的知识优化交易策略，这条路走不通。例如，有些投资者做历史验证和实战验证，发现只看裸 K 线图的胜率不高，就加上成交量；还是不行，再加指标；一个指标不行，就加三个指标；三个指标还不行，再加三个……

"解决问题的正确方法是选股程序，要从几千只个股中，选出符合特定交易策略的个股。这样的个股是少数，要在选出来的个股中做历史验证和实战验证。悟空，你懂了吗？"

悟空赶紧点头，说："俺懂了。

"第一，现阶段的重点是在技术分析的范围内学练交易策略，主要内容是前三步。

"第二，历史验证俺先前理解错了。历史验证，既不是用一个交易策略把一只个股的历史走势都验证一遍；也不是对同一时期的个股走势大量验证。俺做的是强势股的强势阶段，交易策略得找这样走势的个股做验证。

李总说："股市中没有一个交易策略能够包打天下。价格行为交易法有一个前提，要求市场的广度和深度都足够大，要具备高流动性。股市中，特定阶段只有少数个股满足这个前提条件，也就是当下的热门股和强势股。

选股程序的问题放一放，你先学练技术分析范围内的交易策略。只有把这块内容学练好了，才能学练选股程序。"

第21章

交易策略的技术逻辑和基本要素

李总没有放悟空走，继续讲课。悟空也拿着笔记本，继续记笔记。

一、交易策略有两个本质问题

李总说："很多人误解了交易策略，以为交易策略是实战的买卖规则，就是怎么买、怎么卖的问题。这是对交易策略的错误认知。

"交易策略在怎么买和怎么卖之前，要解决两个本质问题，一个是对特定价格行为的描述，一个是走势对路的标志。特定价格行为的描述，是历史走势的归纳和总结；走势对路的标志，是实战的交易信号。

事实上，无论加上多少约束条件，所有的技术分析理论都不能做到对特定的价格行为进行完全意义上的准确描述，因此理论上也难以准确预测随后的价格走势。这是交易没有'圣杯'的本质原因之一。所有的投资者只能接受未来的价格运动是概率事件，必须采用交易数学来获得正的数学期望值。"李总强调，"悟空，学练交易策略，绝对不能简单地叠加约束条件，尤其是技术指标类的约束条件。要从特定价格行为本身的技术逻辑出发，弄清楚标准图。重点是标准图中每一个关键节点的可能变化，以及走势对路的标志。

"以图 20-2 为例，该交易策略是区间突破。按照威科夫价格循环的原理，区间突破这种价格行为分为吸筹区的突破和趋势中的突破。第一种吸筹区的突破胜率很低；第二种趋势中收敛形态的突破必然是高胜率。无论是哪一种突破，有效突破必然在走势图上呈现压力支撑互换的价格行为，这就是走势对路的标志。"

悟空心想："技术分析每一个知识点看着都简单，学练都不难。融会贯通真的有点难呀！"

二、三种基础的交易策略

李总接着说："悟空，你已经很熟悉交易策略这个概念了，但是我没有系统跟你讲过。接下来，我就系统给你讲讲，你好好记笔记。

"交易策略的本质是利用一段趋势运动赚价差。因此，一段趋势运动是所有交易策略的前提。总的来说，有三种基础的交易策略，即回调策略、突破策略和反转策略，如图 21-1 所示。

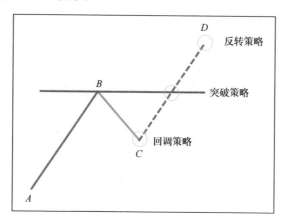

图21-1　三种基础的交易策略

"基于价格运动的惯性法则和对称法则，*AB=CD* 是最常见的价格行为。图中的 *AB* 段是一段已经完成的上涨趋势，*B* 点是阶段性高点，并成为最新的阻力位。价格从 *B* 点开始回调，到 *C* 点形成回调的低点，随后走出一段与 AB 段等高的上涨趋势，目标是图中的 *D* 点。

"惯性法则是指走势图上已经呈现上涨趋势的 *AB* 段，价格运动由于惯性，会继续上涨，其上涨的目标由对称法则决定。因此，当价格从 *B* 点开始回调，到上涨到 *D* 点，理论上都是有利可图的交易。

"（1）回调策略在 *C* 点附近圆圈处买进，第一目标价是 *B* 点形成的阻力位，第二目标位是对称法则的 *D* 点。回调策略的技术逻辑是主观认为在 *AB=CD* 的前提下，尽量买得低一点，从而获得价格优势。

"（2）突破策略在 *B* 点形成的阻力线上方附近买进，目标价是 *D* 点。突破策略的买法有两种，一种是价格突破 *B* 点的绝对价格就立即市价进场；另外一种是在价格突破 *B* 点后，价格快速回踩 *B* 点对应阻力线的时候进场。

"（3）反转策略认为价格运动到 *D* 点，*AB=CD* 价格模式对应的 *AD* 上涨趋势结束了。从 *D* 点开始，价格会相对大幅度向下运动或是较长时间的横向运动。因此，反转策略把 *D* 点作为 *AD* 上涨趋势的反转点，做多的投资者主动止盈离场，做空者进场卖空。

"需要注意的是，实战中，即使走势图上的 *AB* 段强劲有力，随后的价格运动并不是一定走 *AB=CD*，仅仅是有较大的可能性。"

李总停顿了一下，继续讲："悟空，三种基础交易策略没有优劣之分，都存在各自的优势和弊端，如图 21-2 所示。图中虚线阴影块标注了不同策略的潜在风险。回调策略在上涨趋势的回调段买进，事实上是逆趋势策略。价格运动在走 AB=CD 的过程中，C 点的具体位置不确定，投资者很可能买在回调的过程中，并承担止损离场的风险。如果没有止损设置，在价格运动不走 AB=CD 的情况下，从 B 点开始的回调就可能会演变为跌破 A 点的下降趋势，投资者就可能出现重大亏损，进入套牢状态。

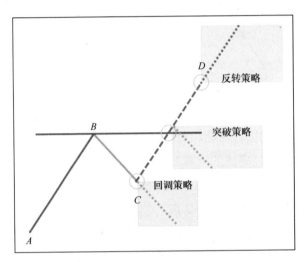

图21-2　三种基础策略的潜在风险

"如果说回调策略的目的是获得价格优势，突破策略的目的则是获得确定性优势。当价格从 C 点再次运动到阻力线，并突破 B 点，走势图上呈现'AB 上涨—BC 回调—再上涨突破 B'，表明价格运动大概率是走 AD 上涨趋势。但是，同样存在假突破的可能性，投资者有可能止损离场。"

"反转策略的目的是获得最大的价格优势，付出的代价是低胜率。该交易策略对于做多的投资者来说，可能会损失一大段潜在的利润。"

悟空说："俺懂了。万变不离其宗。所有的交易策略都是这三种基础策略的变化。"

李总说："悟空，实战中的交易策略，更多体现为三种基础交易策略的组合使用。"

三、交易策略是一个完整的逻辑体系

两人休息了一会儿，李总接着讲。

　　李总说："交易策略的背后都有对应的交易逻辑。所谓交易逻辑是指一段趋势运动的因果关系。对于价格行为投资者来说，因果关系主要是走势图上的价格行为。但是，由于价格运动多样性导致的不确定性，任何一种交易逻辑的因果关系都是概率事件，有时候成立，有时候不成立。

　　"因此，交易策略应该包括以下内容：

　　"第一，交易策略对应价格行为的描述（价格走势标准图），以及该价格行为与趋势运动的因果关系，主要是惯性法则、对称法则，以及压力支撑互换。

　　"第二，因果关系成立的约束条件，既包括该策略对应的个股价格行为，也包括市场背景。

　　"第三，因果关系可能成立的信号，一般由技术分析的知识点确定。例如 K线、辅助线、量价关系和技术指标。

　　"第四，信号出现后的进场规则。

　　"第五，止盈规则。

　　"第六，止损规则。

　　"图 21-3 是 $AB=CD$ 的回调做多交易策略。通常情况下，$AB=CD$ 的交易策略要求 AB 是一段强劲的上涨趋势。因此，在交易策略中应规定衡量 AB 段是否强劲的技术标准，并作为选股程序的重要筛选标准。例如上涨幅度，或是成交量，或是突破某种辅助线……

　　"回调策略的进场区间有多种技术方法确定，并无统一标准。但是，在交易策略中应明确规定。例如，一些投资者规定回调幅度不能大于 AB 段的 50%，其技术原理是强势股的回调一般小于 50%。也有些投资者会选择回调 61.80% 位置进场，原因在于这是最常见的回调幅度。

　　"至此，基本上明确了 $AB=CD$ 的回调做多交易策略的技术标准图与约束条件，也就是前面第一条和第二条的要求。

　　"第三条是交易策略的进场信号，在回调做多策略中就是回调可能结束，或是已经结束的价格行为信号。一般采用各种技术分析的知识点处理，图 21-3 中采用的是上涨趋势线和看多反转 K线。

　　"通常情况下，实战中进场信号都应加入 K线，以时点对应的 K线作为进场信号 K线。进场信号 K线有两个重要意义，其一是确定了进场价，其二是设置止损价的技术参考点。

　　"第四条具体的进场规则简单分为两种，一种是出信号后就立即进场，另一种是观察一下再进场。无论采用什么规则，都应明确规定。

"第五条止盈规则，既可以是价格模式技术原理的测算数值，也可以是主观规定的盈亏比。需要注意的是，所有的交易策略的理论盈亏比都应大于 $1.5R$。图 21-3 中，第一止盈区间是以 B 点为技术参考，目测盈亏比为 $1.7R$；第二止盈区间以 D 点为技术参考，目测盈亏比约为 $4R$，均大于 $1.5R$。

"第六条止损规则，既与技术面有关，也受交易手法的约束，同样需要明确。

"简单来说，一个交易策略至少要包括价格走势的标准图、进场信号、止损价，以及满足大于 $1.5R$ 盈亏比的止盈价。"

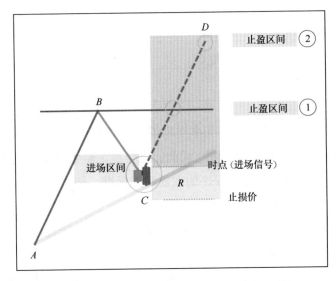

图21-3　AB=CD的回调做多交易策略

李总盯着悟空记好了笔记，接着说："悟空，你一直都在练孕线基础交易法，你应该很熟悉这个交易法的用法。现在学练交易策略，你要用自己的实战经验，来理解今天学习的内容。"

悟空恍然大悟，说道："对。您今天讲的内容，听起来确实有点复杂。但是，把我最熟悉的孕线基础交易法作为案例，就很简单了。"

四、趋势结构的交易优势区

李总说："我们还是抓紧时间吧。接下来，我给你讲设计交易策略的关节点。"

悟空精神头立马就上来了，赶紧准备做笔记。

李总接着说："悟空，通常情况下，设计交易策略，投资者应首选趋势运动。原因在于趋势运动的方向确定性高，也就是交易策略的胜率高。图21-4是上涨趋势运动的交易优势区。

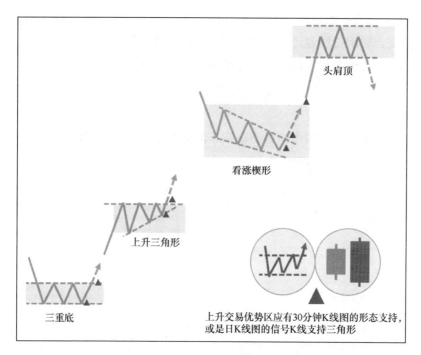

图21-4　上涨趋势运动的交易优势区

"悟空，交易优势区在实战有两个重要意义，一是盈亏比好；二是通常就是进场的时点。

"图21-4中的上涨趋势运动由三段上涨构成，向上三角形标注了上涨趋势运动的重要交易优势区。任何一个向上三角形对应的位置，都应有30分钟K线图的形态支持，或是日K线图的信号K线支持，参见图21-4右下侧的示意。

"在1.5R盈亏比的约束下，绝大多数的交易优势区与特定的收敛形态有关，并能够获得形态学技术原理的理论支持。"李总强调，"依据收敛形态设计交易策略，最大的好处是容易梳理出明确的基础规则。投资者能够在基础规则上优化，并作为选股程序的基础，从而构建个性化的交易系统。"

悟空合上笔记本，一本正经地说："俺老孙真懂了！'不确定'就是炒股的本质。技术分析是试图把握市场客体的不确定性；交易策略是投资者作为主体，降低操作的不确定性。但是，不确定必然存在！"

李总说："悟空，你还真是'悟其道，忘其术'呀。

"技术分析能够把一张走完的图解释得清清楚楚。交易策略在此基础上，能够锁定交易优势区，并能够对'线'附近的价格运动分类处理。两者结合，大大降低了交易的不确定性。

"悟空，聪明投资者还有一件法宝，就是交易手法。你就接着学练吧。"

悟空说："贪多嚼不烂。俺老孙得先把交易策略练好了。

"李总，俺学练了这样久，其实就是在学练'聪明钱的华尔街备忘录'那张图。

"当初您嘱咐我把图中的各类小圆点都记好了。俺不但记好了，还每天都看几遍，每周都画一遍。嘿嘿。"

第 6 部分

学练交易手法

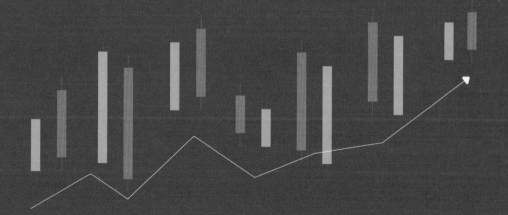

第22章　从炒股票到做账户

悟空好几天都没有找李总，李总只得把悟空叫来。

悟空说："俺这些天用交易策略串联先前学练的各种知识点，很容易就能拟定一个交易策略。感觉啥都懂了，啥都会了。但是，俺老孙总感觉这是在纸上谈兵，跟实战隔了一张窗户纸，通不了。很是烦恼呀！"

李总严肃地说："悟空，当年你们师徒四人，徒步从东土到西域，九九八十一难，一难都不能少。修成正果的过程有多艰难，你比我懂。"

一、炒股赚钱的正确理念

李总缓和一下，接着说："技术分析和交易策略是炒股的'知'，当然是纸上谈兵。交易手法才是'行'。"

（一）对市场要有敬畏心

李总问悟空："你看了这么多图。我问你，炒股能赚钱吗？"

悟空答："当然能了！先不说大牛市的躺赢。只要股市开门，天天都有涨停板，年年都有大牛股。"

李总又问："那炒股会赔钱吗？"

悟空回答道："会赔钱。天天都有下跌的股票，短时间暴跌的股票也不少。别的俺不知道，三仙肯定是亏大钱了。俺上次去他们那里，桌上摆的小点心可比以前差多了，就是几块小饼干。唉……"

李总说："悟空，你就不要替人操心了。三仙都是聪明人，炒股拿的是闲钱，亏光了对他们也没有啥影响。"李总接着说，"悟空，你学练完了，我就不能再这样跟你唠叨了。但是，你现在还在学练，我只能多跟你唠叨。

"你呀，读了这样多的图，不能只看见股票涨了。

"炒股是入虎口，拔不了老虎牙，就得被老虎吃了。

"悟空，世人都说炒股是'高风险高收益'，没有人说'高收益高风险'。先有风险，再有收益……"

李总开启话痨模式，絮絮叨叨跟悟空强调了风险。随即，李总打开图22-1说："图中的个股，两个多月从每股6块多涨到了每股18块。然后呢，不到半年的时间，又从每股 18 块跌回到每股 9 块。

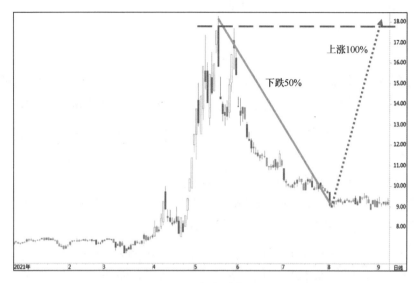

图22-1　跌幅与涨幅不一样

"悟空，你不能只看见前面的高收益，更要看见后面的高风险！股价跌一半，涨回去是要翻倍的。

"悟空，你今天回去先做一个小作业。随机选 20 张图，只看跌。看看一天能够跌多少，四天能够跌多少，一个月能够跌多少，半年能够跌多少……"

悟空知道李总的好意，就说："李总，炒股是高风险，俺是真懂了。炒股不能先想赚钱，要先想赔钱。您以前嘱咐过我，下跌段少看，尽量不看。俺回去还真的要好好看看'跌'。"

李总强调："股市赔钱太容易了。一个月赔 50% 都不是什么稀罕事。悟空，股市惊涛骇浪，必须有敬畏心。"

（二）悟空，涨跌重要，还是盈亏重要

李总终止了话痨模式，问悟空："炒股是涨跌重要，还是盈亏重要？"

悟空回答道："俺学练技术分析，目的是预判断个股的涨跌。学练交易策略，是为了在预判断的基础上依靠数学优势赚钱。俺老孙认为，盈亏更重要。"

李总说："悟空，你关注了一只 10.00 元 / 股的个股，预判会大涨；你也按照特定的交易策略拟定了交易计划，10.00 元 / 股进场，9.00 元 / 股止损，13.00 元 / 股止盈，3R 的盈亏比。随后该股真的涨到了 13.00 元 / 股。如果你没有执行交易计划，该股大涨并不会增加你的盈利。如果你执行了交易计划，买

100股盈利300.00元；买1000股盈利3000.00元；买10000股盈利30000.00元，交易股数的多少直接决定了盈利的大小。反过来，该股没有大涨而是触及了止损价。买100股亏损100.00元；1000股亏损1000.00元；10000股亏损10000.00元。悟空，说说你的想法。"

悟空说："俺懂了。炒股赚钱的落脚点是资金账户。同样一段行情，同样的交易策略，甚至同一个交易计划，资金账户的盈亏主要是由仓位大小决定。

"行情好，俺仓位大一些，赚钱的速度就快；行情不好，俺仓位小小的，亏少少的钱。

"这就是俺马上要学练的交易手法吧？"

李总说："对。炒股，我们影响不了市场；但是，我们能够也必须管理好自己！管理自己的内容都可以归类为交易手法。

"悟空，炒股本质上是一门手艺。这门手艺的产品是你的资金账户。

"进场后，股价低于进场价，浮亏，继续买进，能够降低持仓成本，称为'摊平亏损'。股价高于进场价，浮盈，继续买进会提高持仓成本，称为'浮盈加仓'。几乎所有的交易大师都反对'摊平成本'，并践行'浮盈加仓'。

"悟空，你先牢记，资金账户的重大亏损往往源于'摊平成本'；大幅盈利通常是'浮盈加仓'的结果。"

悟空赶紧记了下来。

二、资金账户的风险控制

李总说："接下来，我给你讲资金账户的风险控制。"

（一）什么是资金账户的风险

李总接着说："炒股的资金账户在无杠杆操作的前提下，亏损小于10.00%，可定义为正常亏损；亏损20.00%，可定义为严重亏损；亏损50.00%，可定义为重大亏损；亏损大于50.00%，可定义为'爆仓'。

"悟空，亏损10.00%，回本需要盈利11.11%，实际操作有较大的可能性回本。但是，亏损20.00%，回本需要盈利25.00%；亏损50.00%，回本需要盈利100.00%；大于50.00%的亏损，该账户很难通过操作重新回本，等同于爆仓了。

"悟空，以资金账户亏损20.00%作为炒股失败的标准，笨钱亏钱主要有以下三个原因：

"第一，重仓操作。每一次失败的操作都会严重伤害账户的基本安全。

"第二，频繁操作。大盘非牛市阶段，即使在分仓，或是小仓位的情况下，很容易出现大量的小幅亏损。持续一段时间后，账户就会亏损 20.00% 以上。

"第三，不止损。无论是重仓还是轻仓，下降趋势的个股很容易在短期内下跌 20.00% 以上。如果账户不进行止损操作，有极大概率陷入重大亏损。"

（二）大数法则下的连续止损

李总接着说："悟空，很多投资者对胜率存在错误认知。例如，看到一个胜率 25% 的交易策略，就认为 4 次交易中一定会成功 1 次。这个严重的错误，导致投资者不知道，或者是忽略了连续止损的巨大风险。

"在交易数学中，特定交易策略的胜率统计，需要满足概率学基础的大数法则。所谓大数法则是指需要足够大的样本数量才能呈现理论上的概率。通常情况下，多数投资者实际交易的次数，并不能满足样本数量最基本的要求。在样本数量不足的情况下，胜率 25% 的交易策略，理论上存在 4 次、10 次，甚至几十次连续止损的可能性。当然，也存在连续多次止盈的可能性。

"因此，即使是严格风控的资金账户，连续多次止损，也可能让该账户在短期内陷入严重亏损的窘境，甚至是重大亏损的困境。

"连续多次止损，还有一个副作用。连续多次止损通常会让投资者对特定的交易策略丧失信心，放弃该交易策略，并尝试寻找新的交易策略。这样的情形往往会导致投资者陷入恶性循环，付出更多的金钱和时间成本。"

悟空说："李总，您说的这些情形，俺大致都懂。您让俺一直练孕线基础交易法，就是让俺用最小的学习成本，感知真实的市场变化，积累真实的实战经验。学练孕线基础交易法，真的不是白忙活。"

（三）资金账户风险控制的基础手法

李总说："对。如果你没有通过学练孕线基础交易法打好基础，我跟你讲交易手法，基本上就是对牛弹琴。"

悟空赶紧一个劲地点头。

李总接着说："聪明的投资者通常不会随机买卖，也不会出现重仓操作、频繁操作和不止损的低级错误。因此，他们的重大风险是特定交易策略的连续多次止损。

"实战中出现连续止损主要有两个原因。第一，交易策略本身存在缺陷。第二，市场处于特定阶段，对投资者采用的特定交易策略不友善。

"那怎么办呢？

"参考机构的风控措施，聪明投资者账户风险控制的基础手法如下：

"第一，设定年、月、周的最大亏损额度。超过设定额度后，该周期剩余时间内不操作。

"例如，10万元的资金账户，年度最大亏损以20.00%计，为2万元。当年总亏损超过2万元后，剩余时间内空仓不操作。来年本金为8万元，也可以补充为10万元，重新开始。

"月度最大亏损额度，理论上为1666.67元，进取一点可以设置为2000.00元。月额度以2000.00元计，折算下来约为500.00元/周。

"第二，设定单笔交易的最大亏损额，一般以总资金的1%～2%为标准。

"第三，盈利的账户，设定总账户的阶段性最大回撤百分比，一般采用5%～10%。

"第四，设定可以连续止损的次数，到达设定次数后，暂停交易。"

李总看了呆呆的悟空一眼，接着说："很明显，触发任何一条风控措施，都是市场在用赤裸裸的方式警告投资者，明确告知投资者出错了。聪明的投资者都会尊重市场的意见，暂停交易。"李总强调，"上述风控措施存在一定冲突，在实战中以单一条件为准。只要触发任何一条规则，都应暂停交易。"

李总让悟空自己整理一下笔记，自己又弄茶去了。

三、资金账户的绩效管理

半个时辰后，李总回来了。

李总一改先前的严肃样子，乐呵呵地对悟空说："悟空，聪明的投资者炒股是为了赚钱；你学练炒股是为了在股市'擒牛捉妖'。我们不能被股市的高风险吓怕了，忘记了股市还有高收益。"

悟空见李总一改常态，不知道他葫芦里卖的是什么药，就没有言语。

李总接着说："接下来，我给你讲讲资金账户的绩效管理。大白话就是炒股赚钱到底该怎么做。"

悟空说："李总，您讲吧。俺要开始记笔记了。"

李总说："悟空，炒股要有乐观精神呀。"

悟空说："李总，俺老孙是仙界的喜神。仙界没有比俺老孙更乐观的神仙了。您就开讲吧。"

（一）仓位弹性管理的手法

李总听了悟空的回答，一想也是，悟空真不需要什么心灵鸡汤做鼓励。

李总接着开讲："悟空，相对于机构，聪明投资者唯一的交易优势就是船小好调头，能够迅速调整仓位，做到上涨重仓，横盘轻仓，下跌空仓。

"聪明投资者做仓位弹性管理，需要建立'波次操作'的理念。然后在此基础上，采用'小仓试单—盈利加仓—锁定浮盈—滞涨减仓—回撤清仓'的手法。从试单到清仓，一个循环算一个波次。一个波次完成后，重新以'小仓试单'开始新一个波次。

例如，10万元的资金账户，一轮波次试单阶段总的亏损额规定为2000.00元。聪明投资者的第一笔交易，可以把止损额定为1000.00元，进行小仓试单。若进场后不顺利，止损出场，再次试单就把止损额定为500.00元，保留第三次试单的机会。若进场后顺利，股价上涨到1.5R以上，提高试单仓位的止损价到平手。同时，建立第二笔止损额为1000.00元的仓位。此时，两笔仓位实际的总风险为1000.00元。

"如果后续仍旧顺利，就按照上述方法，逐渐满仓。满仓后，要通过止损单的设置，保证本波次不亏钱。期间，有到达目标价的仓位可以止盈卖出，也可以用抬高的止损单锁定利润。后一种情形，浮盈的计算以止损价为准。

"如果资金曲线出现滞涨情形，快速卖出弱势个股，保留强势股，并计划好本波次的最低盈利额度。触及最低盈利额度后，立即清仓，该波次结束。清仓后，即使当天重新进场，也算新的波次，应小仓试单。但是，由于上一个波次有利润，也可以用利润做风险金，直接开较大的仓位。"李总强调，"实战中，投资者应根据自己的交易风格、交易策略以及市场背景，灵活使用上述交易手法。"

（二）本金阶段的风险管理

无论是一个新账户，还是新的一个波次，都应把账户所有的资金视为本金。在本金阶段，由于没有盈利做保护，资金账户管理有以下两个要点：

第一，保护本金，防止本金短期内出现10%以上的亏损。

第二，在第一条的前提下，累积利润，让资金账户脱离本金阶段。

具体的手法有以下三种：

第一，缩小"小仓试单"的亏损额度，防止连续止损伤害资金账户。

第二，选择胜率高、盈亏比低，交易周期相对较短的特定交易策略，快速积累账户的风险金。

第三，谨慎操作，提高交易策略中试单进场的技术标准，尤其注意市场

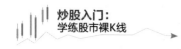
环境。

（三）盈利后的绩效管理

盈利的资金账户表明了以下两点：

第一，投资者的交易策略是有效的。

第二，市场环境对该交易策略很友善。

在这样的情形下，投资者应尽量多做交易赚取利润，直到市场发出明确的警告。常见的市场警告如下：

第一，出现三次以上连续止损。

第二，资金曲线从极限峰值快速下跌 20% 以上。

第三，投资者出现疲惫感和倦怠感。

上述三个信号出现两个以上，投资者都应离场休息，至少要大幅度降低仓位。另外，如果账户盈利达到 100%，最好及时取出一半的利润。

四、悟空与李总的讨论

李总一口气讲完，饮了几口茶后，就让悟空说说想法。

悟空说："俺得先琢磨一下。"

悟空先是看了一会儿笔记，然后合上笔记本，想了半晌，说道："李总，您今天讲的内容，让俺想起了当年西天取经的旧事。

"当年西天取经的时候，俺打了多少妖怪，捉了多少妖怪，都不重要。重要的是保护师傅平安到西天。

"炒股也一样，'擒牛'也好，'捉妖'也罢，单笔交易赚多赚少，全都不重要。重要的是把账户的资金曲线给做漂亮了，真正赚到钱。"

李总呵呵一乐，说："股市山高水深，擒不完的'牛'，捉不完的'妖'。'擒牛捉妖'不是目的，目的是炒股赚钱。"李总就着话头，跟悟空闲聊了一些仙界的旧事和新闻。最后回到正题，总结道："悟空，资金账户管理的手法大致就这些，具体怎么用很难明确规定，只能是灵活用。就跟你会七十二变一样，手法就那些，到底变成啥，只能具体情况具体处理。"

李总接着问悟空："你打算怎么学练账户资金曲线的管控技能？"

悟空说："这个？俺认为只能用模拟操作的方法学练。俺打算参考读图的学练方法，分两步学练。读图训练主要分为静态读图和动态读图，俺也采用静态模拟和动态模拟。

"静态模拟，俺先在纸上把一个波次学明白，练熟了。

"动态模拟，俺先确定一个规则明确的交易策略，随后选一段历史行情，并建立一个 10 只个股的自选池，按波次方法模拟操作。"

李总说："你就先用这样的笨方法练吧。仓位弹性管理的手法是一种高级技能，早期用不上。我建议你重点练习'单笔清'的基础手法，也是分两步练：

"第一步，固定单笔止损额度。第一笔交易进场后如果止损，第二笔交易可以降低单笔止损额度。如果第一笔交易是止盈，第二笔交易的止损额度不变。

"第二步，止盈后，可放大单笔止损额度，从而在实战中实现'盈利加仓'。"

最后，李总强调，"账户资金曲线的管理，表面上与常见的'仓位控制'一样，其实有本质差异。'仓位控制'的出发点是炒股票。针对特定交易机会评估潜在胜率后，用仓位大小控制个股走势不确定的市场风险。账户资金曲线的管理，出发点是做账户。所有管理的逻辑和手法都是为了'在控制账户资金风险的前提下，如何放大利润'。具体操作跟特定交易机会的市场风险无关。

"悟空，今天跟你讲的这些内容，你自己多练练，自然就理解了。"

李总没有放悟空走，继续讲课。

一、"买"股票的必杀技

李总说："悟空，你花大力气学练了技术分析，也搞懂了交易策略的原理和设计逻辑。但是，到底该怎么买，怎么卖，你说说你的想法。"

悟空说："俺最近一直在琢磨这个问题。

"刚开始学练的时候，觉得技术分析最重要；后面学练交易策略，又觉得交易策略最重要。现在，俺老孙明白了，股市'擒牛捉妖'是表象，炒股本质是做账户的资金曲线。

"但是，俺老孙认为，做账户有一个隐含前提，就是假设投资者已经熟练掌握了技术分析和交易策略。这个假设前提，俺现在其实并不合格，还得练一段时间。

"俺回想当年在取经路上打妖怪。别人不知道，俺老孙自己知道，俺其实就一招：高高跳起，金箍棒使劲往下打。多数妖怪一棒搞定；少数能躲过或是挡住俺这一棒的妖怪，俺老孙就知道不好打了。

"俺觉得炒股也一样，关键点在'买'。买对了就是多赚还是少赚。所以，炒股的'买'得有必杀技。所有的交易策略，无论是买突破还是买回调，'买'的基本手法都应该一样。"

李总听完，真是欢喜。乐呵呵地说："悟空，你说得太对了！

"你打妖怪有两个要点，'买'股票的必杀技也有两个要点。'高高跳起'对应 **'小型收敛'**；'当头一棒'对应 **'真假突破'**。

"具体来说，'买'股票首先要控制风险。控制风险必须有凭有据，符合技术分析的原理和交易逻辑。按照技术分析的原理，任何一个收敛形态都具备支撑或是阻力效应。实战中，以小型收敛形态为依靠，形态上下两根线的空间就是相对较小的风险范围。技术上的真假突破其实都是选方向，假突破选反方向，真突破选顺方向。这就是'买'股票的必杀技。

"悟空，接下来你要学练的通用买卖手法，跟做账户的手法一样，与具体的交易策略无关。"

李总把新资料给了悟空，放他走了。

二、多时间周期架构训练教程的笔记

悟空回去后，先是把李总的嘱咐琢磨了一下，然后在笔记本上写下了一句话："通用买卖手法，与具体的交易策略无关。"

随后，悟空打开了新资料，做了如下笔记。

炒股有"看大做小"和"顺大逆小"的说法。所谓"大""小"既指趋势级别，也指不同时间周期的 K 线图，并无定论。

趋势级别源于道氏理论。道氏把价格运动分为三种趋势级别，即主要趋势、次级调整和日间波动。需要注意的是，道氏理论一般采用日线走势图，三种趋势级别在同一走势图上同时呈现。

进入计算机时代后，不同时间周期的 K 线图唾手可得。因此，很多投资者借鉴道氏理论的思维模式，采用三种不同时间周期的 K 线图，辅助判断长、中、短，或是大、中、小，三种不同时间周期的趋势结构和方向。

例如，用周线、日线和 30 分钟构建大、中、小的多时间周期架构。"大"对应周 K 线图；"中"对应日 K 线图；"小"对应 30 分钟 K 线图。三级多时间周期架构一般以"中"对应的走势图作为主要交易走势图，也称为交易周期。也就是说，在周线、日线和 30 分钟这三级时间周期中，日线投资者在交易时主要是看日线。在这样的使用场景下，日线投资者对大趋势的判断，在日线走势图上需要获得趋势结构的验证，也就是上涨趋势要出现"顶顶高、底底高"。

但是，实战中，从创新高后开始，再到创新高的整个阶段，投资者并不能直接从日线走势图上判断趋势。以图 21-2 所示的 $AB=CD$ 策略为例，B 点出现后，再到出现高于 B 点的 D 点，期间回调的 C 点可能低于 A 点；从 C 点上涨也可能低于 B 点……并且这个阶段会持续一段时间。

这个时候，投资者就可以使用"看大做小"的手法，即利用周 K 线图判断趋势的大方向。例如可以看周线走势图的均线或技术指标，或是简单看周线走势图上最近的几根 K 线……这样的处理方式就是"看大做小"。

"看大做小"还有一种手法。一些有经验的投资者，在大时间周期走势图上的 K 线收定以后，主观判断下一根 K 线的阴阳与大小，并作为下一根 K 线周期内的交易指导。例如，投资者在周五收盘之后，也就是周 K 线收定后，主观判断下一根周 K 线的阴阳与大小。随后的一周内，均按照周 K 线的预判断做交易。

此外，"顺大逆小"则是投资者主观判断上涨趋势正在持续，价格下跌是正常的回调。也就是说，投资者主观判断从 B 点回调，C 点会高于 A 点，从而形成"底底高"。在这样的情况下，投资者就会借助 30 分钟的 K 线图，辅助判断从 B 点开始下跌段的结束信号，也就是 C 点的确认；随后，价格就"应该"从 C 点开始，顺趋势方向上涨；投资者也"应该"在 C 点附近及时进场。

三、价格热区训练教程的笔记

价格运动在特定的时空点，获得多种技术分析工具的共同支持或是验证，称为价格运动的热区。例如，图 21-2 所示的 *AB=CD* 策略中的 *C* 点，通常会是一个热区。在主时间周期的 K 线图上，热区可能出现以下的价格行为之一。

第一，获得趋势线的支撑。

第二，获得特定均线的支撑。

第三，获得特定水平线的支撑。

第四，获得特定大 K 线，或是缺口的支撑。大 K 线阴阳均可。

第五，获得特定技术指标的验证。

第六，满足黄金分割的斐波那契数列中的值，例如 38.2% 位、50% 位、61.8% 位等。

第七，出现反转信号 K 线。

第八，量价配合。阶段性低点缩量，突破放量。

需要注意的是：通常情况下，高质量的热区需要获得"小"时间周期 K 线图上收敛形态的突破验证。原因在于，多数的热区信号只能表明价格运动暂时停滞，并不能表明价格很快就会开始顺大趋势方向的运动。

四、止损设置训练教程的笔记

一些聪明的投资者把价格行为交易法称为"眼见交易法"，意指在走势图上亲眼看见了"交易信号"后再进场交易。通常情况下，"交易信号"几乎都是技术分析的特定价格行为。"交易信号"既是进场信号，也是止损设置的技术参考点。

（一）止损设置的技术原理

止损设置的技术原理可以借助威科夫的价格结构来理解。

区间结构存在双向假突破的可能性。依据水平方向的支撑线或是阻力线设置止损，有较大的概率被假突破触及止损，随后价格逆向运动，按照投资者预判的方向运动。这样的情形属于预判正确的被动止损，应对的手法是二次进场的备用计划。

上涨趋势结构必然是"顶顶高、底底高"，可以依据趋势结构的底，或是次底，抑或是相邻的前底，进行止损设置。如果预判正确，就不会触及止损。如果出现被动止损，意味着趋势结构改变，投资者的预判可能出错了。遇到这样的情形就应该多观察一下，不要着急二次进场。

需要注意的是：日线投资者采用区间结构设置止损，主要看日线，其目的是提高胜率；采用趋势结构设置止损，应在30分钟K线图上识别和确定小型趋势的结构点，其目的是降低特定交易的R值，提高盈亏比。

（二）止损设置的基本手法

设置单笔交易止损，常用的手法有四种，分别是定额止损、百分比止损、技术位止损以及ATR指标止损。需要强调的是，无论什么手法，落脚点都是具体的止损价。

（1）**定额止损**是指固定单笔交易的亏损额。由亏损额、进场价格和持仓股数，计算对应的止损价。

例如，固定亏损额为1000.00元，进场价为20.00元/股，买进1000股，止损价就是19.00元/股。

实战中，一般先看见技术止损价，而进场价则会在小范围内波动。因此，需要计算的是买进股数。假设信号K线的最低价是19.85元/股，最高价是20.78元/股，投资者把止损价设置为19.80元/股。1000.00元的止损额，20.00元/股时进场，可以买进5000股；20.80元/股时进场，只能买进1000股。

（2）**百分比止损**是以进场价的百分比计算。例如，5%的止损，20.00元/股进场价对应止损价是19.00元/股。

实战中，百分比止损通常对应"固定仓位"的进场方法。

"固定仓位"是指把账户资金按照投资者的主观规则分为几份。例如，以25%为一份，账户资金就可以分四份。一般情况下，单笔交易的亏损额不能超过账户资金的2.00%。那么理论上，半仓（二份）进场的止损百分比就是4.00%；25%的仓位（一份）则可以放大到8.00%。

（3）**技术位止损**有多种方法，主要依据技术分析的辅助线和信号K线确定止损价。

（4）**ATR指标止损**是用ATR指标提供的数值作为止损价。实战中，一般以技术分析确定的参考点，下移 1 个或是 2 个 ATR 数值作为止损价。

例如，信号 K 线的最低价是 19.85 元 / 股，当日 ATR 数值为 0.32 元，止损价采用 1 个 ATR 数值，止损价就是 19.53 元，2 个 ATR 数值对应的止损价就是 19.21 元。

（三）止损的追踪设置

止损的追踪设置是指当价格离开进场时的小型收敛区间后，投资者抬高止损价，以防止一笔盈利的交易变成亏损离场。

一般情况下，大于 1R 的交易策略，当价格到达 1R 的时候，应将止损价抬高到平手，或是小赚的新止损价。

如果随后价格继续上涨，则投资者需要根据交易策略的关键技术要点，持续抬高止损价，以保护盈利。例如，交易策略中，5 均线或是 20 均线是关键技术要点，就以 5 均线或是 20 均线作为止损的追踪设置。

五、止盈卖出训练教程的笔记

在做好交易不赔钱的情况下，就要继续练习如何在市场中赚钱了。

（一）固定盈亏比止盈卖出法

固定盈亏比止盈卖出法最大的优势是可执行的一致性。

依据特定价格行为设计的交易策略，通常符合技术分析的原理和交易逻辑。如果该交易策略的盈亏比经过了历史验证和实战验证，投资者应采用固定盈亏比的止盈卖出法。

（二）价格异动止盈卖出法

放巨量意味着多空双方出现了巨大的分歧。大量的持股方看空卖出，场外的空仓者看多买进，才会出现巨大的成交量。

该止盈卖出法俗称"喷出跑"，"喷"意指伴随大成交量的急速扩张运动，"跑"是指市价卖出。上涨趋势中放巨量是典型的价格异动。无论是大涨，还是滞涨，通常都是阶段性的高点，应止盈卖出。

（三）辅助线止盈卖出法

辅助线止盈卖出法分两种，即向上触线卖出和向下破线卖出。

向上触线是指价格上涨触及特定的辅助线，包括阻力线、上涨通道线以及上方特定的均线。

向下破线是指价格回落跌破特定的辅助线，包括支撑线、上涨趋势线以及下方特定的均线。

（四）趋势结构止盈卖出法

按照上涨趋势的定义，价格运动必须呈现为"顶顶高、底底高"。趋势结构止盈卖出法以前一个 HL 做标准，价格跌破前一个 HL，就破坏了上涨趋势"底底高"的结构，投资者主观认为整个上涨趋势结束，止盈卖出。

六、订单管理训练教程的笔记

实战中，投资者只有管理好账户的每一笔订单，才能把资金账户曲线做上去。

（一）开仓阶段的订单管理

开仓阶段是指刚进场阶段，价格既没有脱离成本区，也没有触及止损价。通常情况下，任何一种交易策略或是进场手法，在开仓阶段都可能出现浮亏。

具体的开仓手法有小仓试单法、一次进场法和区间进场法。这三种手法的交易逻辑各不相同。

（1）**小仓试单法**，需要在进场区间附近设定两个技术点，例如 A 点和 B 点。A 点通常是特定策略的典型进场点，投资者小仓位进场试单。而 B 点通常位于 A 点的上方附近，投资者主观认为当价格上涨到 B 点是走势对路的标志，因此在 B 点直接加仓，买够符合资金管理的仓位。

（2）**一次进场法**，相对简单，在买进区间一笔交易买够符合资金管理的仓位。

（3）**区间进场法**，是在进场区间多次买进，直到买够符合资金管理的仓位。如果技术上的买进区间相对较大，或是无明显的小型收敛形态，有经验的投资者通常会采用此开仓手法。

总的来说，小仓试单法可能在买进区间多次买进，并且可能多次止损，本身就是典型的订单管理。后两种方法买进后，通常仓位相对较大，资金账户承担了较大的风险敞口。有经验的投资者在价格没有触及止损价的情况下，如果主观认为可能买错了，一般会主动减仓，以降低可能产生的实际亏损额。

（二）趋势阶段的加减仓

开仓后，价格突破特定的阻力线脱离成本区，并且到达了 1R 以上的价格，视为建仓成功。通常情况下，建仓成功会出现"顶顶高"的趋势结构，因此也可以视为价格进入趋势阶段。

趋势阶段订单管理的手法分为持股跟涨、减仓兑现部分盈利以及加仓让利润奔跑。

（1）**持股跟涨**，就是在止盈卖出之前，既不加仓，也不减仓。多数人会在高位分批止盈卖出，有些人会一次性卖出。

（2）**减仓兑现部分盈利**，适合稳健的投资者。很多交易策略中会设置多个目标价位，并做相应的止盈卖出。1R价格通常是第一目标价，多数的投资者会减仓兑现部分盈利，同时把止损价抬高到平手或是小赚的新价位。

（3）**加仓让利润奔跑**，适合经验丰富的趋势投资者。这类投资者信仰趋势运动的惯性法则，并充分利用底仓的浮盈扩大仓位，以期获得更多的潜在盈利。加仓的手法有两个维度，一个是加仓的技术位置或是技术逻辑，另一个是加仓的数量。

……

悟空做完笔记，感叹了一声："好多好多笔记呀！这次得学练好几天了。"

七、悟空说，炒股要有紧箍咒

悟空原以为自己要学练十几天。但是，悟空学练了四天就感觉差不多了，乐颠颠地去找李总。

悟空说："李总，这次学练的内容看起来又多又杂。但是，俺先前的基本功扎实，新内容学和练都不难。

"第一，投资者必须承认交易真的没有'圣杯'。任何技术分析和交易策略都有风险。

"第二，在承认炒股高风险的前提下，投资者要管好自己的心，管好自己的手，不能总想着高收益，胡乱操作。

"第三，掌握交易手法其实不难，关键就是两点，控制风险和增加盈利。

"第四，交易手法林林总总，实战得化繁为简，弄成一套简单实用的具体方法。

"俺老孙性子急，又自以为是，这两个毛病是炒股大忌。唉，俺老孙是苦命人，当年取经路上打妖怪戴着紧箍咒；现在炒股还得自己准备一个'紧箍咒'呀！"

李总正在饮茶，听到最后一句，直接笑喷了出来。

李总说："悟空，你说得对。交易就是一门手艺，具体手法因人而异。其实呢，本质上大同小异，就是把高风险变成可以控制的小风险，然后去拥抱高收益。

"'紧箍咒'这个概念好！交易手法要套路化，套路化就是标准化，标准化就是规矩，就是投资者的'紧箍咒'。

"悟空，明天你早点来，我们上最后一课。"

第24章　交易系统是规范化的交易流程

最后一课，李总和悟空不约而同都穿上了正装，极具仪式感。

李总说："悟空，你学练炒股票有两种方案。第一种是给你一套类似海龟交易法的完整交易系统，你就学练执行。第二种就是这段时间采用的方案，知其然，还知其所以然。你跟三仙不一样，你是孙悟空，斗战胜佛，就应该学练第二种方案。

"实不相瞒，三仙当年找过我，先是直接找我要股票代码，打算无脑买进赚大钱。我讲了半天，三仙才真的相信，我确实是没有'点股成金'的本事。随后，他们就打算学一个简单的，并且包赚钱的方法，我还是没有这个本事。几次下来，三仙认为我藏私，对我意见很大，就另找'高明'了。

"你呢，就喜欢自己亲手打妖怪。就算我给你什么牛股、妖股的代码，你也会缠着我问一堆的'为什么'。干脆，你就用笨方法学练吧。"

悟空心有戚戚焉，说道："李总，嗯……老君……当年俺大闹天宫，您帮俺练就了火眼金睛。现在，俺想在股市'擒牛捉妖'，您也帮俺练就股市的'火眼金睛'。俺跟您就是有缘呀！"

李总说："悟空，你炒股，因在你，缘在外。天助自助之人，以你的个性和见识，就算你我无缘，你也能学好、练好。今天是最后一次培训，我好好帮你梳理一遍。"

一、炒股交易系统的功能子系统和交易流程

李总在会议室的大屏幕上打开图24-1，总结道："炒股是一门专业性极强的生意。通常情况下，生意都是以企业形式存在和经营，都是一套系统。企业形式存在，是指多个职能部门的有机组合；企业形式经营，是指多个职能部门相互协作，共同完成特定的业务。

"炒股的交易系统也一样。静态看，包含有多个功能子系统；动态看，也是由多个功能子系统共同完成的一致性交易流程。

"悟空，任何一种交易系统都有一个核心的逻辑。

"价值投资派的核心逻辑是价格迟早会回归真实的价值。当股价低于价值的

229

时候，就是买进的好时机，并在股价高于价值的时候兑现盈利。

"技术分析派的核心逻辑是市场会重复特定的价格行为，交易系统围绕核心逻辑下的特定价格行为展开。

"悟空，你学练的核心逻辑是威科夫价格循环。在威科夫价格循环模式下，价格运动分为区间结构和趋势结构，并呈现多种特定的价格行为。一些特定的价格行为通常对应一段上涨趋势。例如，图24-1中的价格行为，可以视为 $AB=CD$ 的看涨模式，技术关键点是确定 C 点。

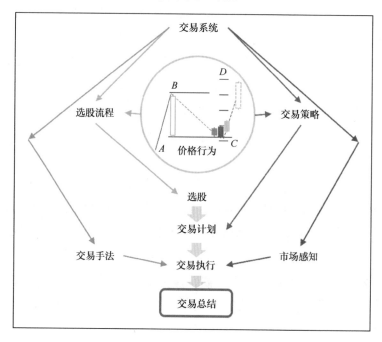

图24-1　交易系统的功能子系统与交易流程

"假设你只做这一种特定的价格行为，交易系统就包含四个功能子系统，分别是交易策略、选股程序、交易手法和市场感知。

"第一，交易策略子系统必须具备技术逻辑的合理性。图24-1中的交易策略是回调策略，在 C 点附近进场，在对称法则的 D 点出场。该交易策略必然对应一张走势对路的标准图。C 点以看多吞噬反转 K 线确定，并作为信号 K 线；随后的 K 线突破了信号 K 线的高点，是进场 K 线。进场后，在 B 点的价位附近，出现虚线的突破大 K 线，是走势对路的重要标志。之后，由于 $AB=CD$ 是市场最常见的价格模式之一，价格通常会涨到对应的 D 点，有较大概率满足 $3R$ 的盈亏比。

"第二，选股程序子系统的功能是，及时找到可能出现 $AB=CD$ 的个股。选股程序一般要借助通达信选股公式完成初选，然后人工筛选。选股公式的逻辑既要遵循 $AB=CD$ 价格模式的技术原理；更要关注市场的资金流向和热点。因此，选股程序除了价格行为的技术特征，还需要加入其他的选股条件。

"第三，交易手法子系统是做账户的交易技能。通常情况下，与特定账户的具体情况关系更大。本金阶段风控为主，盈利阶段绩效优先。

"第四，市场感知子系统的功能是，评估和判断特定阶段的交易大背景。

"悟空，你每天记录的几组数据就是在感知市场。"李总接着说，"炒股的交易流程一般分为四个步骤，即选股、交易计划、交易执行和交易总结。

"第一，选股由选股程序完成。实战中，这是一个常态行为。

"第二，交易计划是交易策略和交易手法的共同结果，一般为两套，即计划 A 和计划 B。

"第三，交易执行主要遵循市场感知的结论，对应三种情况，即不执行、执行计划 A，或是执行计划 B。

"第四，交易总结是对整个交易流程的复盘，是为了优化整个交易系统。

"悟空，交易系统讲起来很复杂，设计过程可能更复杂。但是，执行必须简单，就跟你一直在练的孕线基础交易法一样。实际操作，熟练后就非常简单。

"悟空，你要切记，交易系统千万不要在实际操作层面弄复杂了！"

二、选出强势股的逻辑和方法

李总饮了一口茶，继续讲。悟空继续记笔记。

李总说："同一个行业做生意，有的企业赚小钱，有的企业赚大钱。主要差异是赚小钱做的是大路货；赚大钱做的是爆款。股市中的爆款就是强势股。

"悟空，你学练技术分析所有的知识点，都是为了识别出强势股，搞懂强势股的价格行为。

"你来讲讲什么是强势股。"

悟空说："第一，俺从学练 K 线开始，您就让俺重视大 K 线。因为大 K 线是价格运动的骨架。强势股首先要有大 K 线，最好是趋势 K 线之后，接持续 K 线。这样的走势，自然就容易出现大幅度上涨。强势股的上涨段，K 线很少重叠；阳线数量多于阴线数量；阴线通常是小 K 线。

"第二，强势股启动之前，通常有持续几个月的大型底部形态，或是大型持续形态。放量大阳线突破后，就会在关键水平线上方运行。

"第三，强势股的趋势结构通常呈现为压力支撑互换；上涨趋势线大于45度；内部小趋势段依托5EMA均线上涨，趋势中的回调以20均线做支撑。

"第四，趋势阶段量价配合，上涨放量，下跌缩量。"

李总说："单从个股的价格行为来说，大致就这些。总结起来就是两个特征——放量和价格波动大。选股程序就可以利用这两个特征，把强势股选出来。

"悟空，选股程序的秘密其实就是一层窗户纸，说起来简单，做起来也简单。但是，需要经验。首先，要搞懂强势股的技术逻辑，就是真的在上涨！其次，要搞懂强势股的市场逻辑，板块效应是最大的推动力。作为中短线的价格行为投资者，千万不要跟市场抬杠，必须尊重市场。在板块效应的作用下，'升天的鸡犬'就是强势股。

"悟空，你可以先通过涨幅和换手率排名靠前的个股寻找热门板块，再从板块找个股。"

悟空说："俺懂了。俺一直练的孕线基础交易法中，包含了一个简化版的选股程序。"

李总说："对。孕线基础交易法，加上你每天记录的几组大盘数据，其实就是一个完整的交易系统，可以作为你以后制定交易系统的参考模板。

"悟空，炒股赚钱的关键是选出强势股；选出强势股的关键是找到热点板块和该板块的龙头股。因此，任何一种炒股的交易系统，在实战视角下，最重要的是选股程序；其次才是市场感知。这解决了'做不做''做哪只股票'以及'怎么做'的实战核心问题。"

三、如何从学练炒股过渡到实战交易

李总又问："悟空，你入市炒股是先学练后实战。你个人认为炒股最大的风险是什么？"

悟空答："俺早就意识到了，炒股最重要的是市场感知和选股程序，具体讲就是板块热点和轮动方式，这两点很难用历史验证的方法做培训。但是，这两点又是最核心的炒股经验。"

李总竖起大拇指猛夸："悟空，你说得对！再好的培训方案都代替不了真正的炒股经验。

"你回去之后做实战训练，可以参照下面的流程做：

　　"第一，整理好炒股的工具包。包括个股看盘界面的三件套（主图指标、成交量指标和 MACD 指标）、与交易流程有关的自定义板块设置、交易记录的表格以及特殊的下单功能。注意有些功能需要找证券公司开通。

　　"第二，炒股交易系统中，交易手法子系统应该从'做账户'的角度规范化。

　　"第三，再选择 3 ～ 4 种特定的价格行为，配套设计交易策略、选股程序、市场感知三个功能子系统，形成相对独立的交易流程。

　　"第四，可以开通多个模拟交易账户，尽量增加针对未来行情的交易次数。

　　"重要的是，一定不能弄复杂了，要逐渐优化。"

　　悟空说："从正式训练的第一天开始，您就让俺练孕线基础交易法。俺交易系统的基本功很扎实。您刚才讲的方法，听起来很复杂，其实不难。俺老孙都记下了。"

　　李总顿了一会儿，接着说："悟空，你的炒股培训结束了。"

　　悟空合上笔记本，抬起头，乐呵呵地对李总说："俺知道。以后就靠俺老孙自己了。俺打算给自己一年的时间，看看俺老孙是不是炒股的料。"

　　李总甚是欣慰，说："悟空，我还给你准备了一份资料。回去之后的第一个月，你先按照自己的想法做。如果顺利，就不用看这份资料了；如果不顺利，你再打开看看吧。"

　　悟空默默从李总手中接过了资料，小心翼翼放进了文件包。

　　悟空辞别了李总，正式开启了悟空的股市"擒牛捉妖记"。